Wer bin ich?
Was kann ich?
Was will ich?

Originaltitel: Know yourself
Zuerst veröffentlicht 1995 in Großbritannien
von Carlton Books Limited, London

Deutsche Erstausgabe

Übersetzung: Rainer Heinzerling
Bearbeitung der deutschen Ausgabe:
DRUCK & SACHE, Gert Schemmann, Pemmering
Design: Jacqui Sheard
Umschlaggestaltung: Georg Lehmacher, Friedberg (Bay.)
Umschlagmotive: MEV, Augsburg (oben und Mitte)
Photo Disc, Hamburg (unten)
Gesamtherstellung: Euro Litho S.r.l. Cesano Boscone (MI)
Printed in Italy
ISBN 3-8289-1816-6

ROBERT ALLEN · JOSEPHINE FULTON

Wer bin ich?
Was kann ich?
Was will ich?

FÄHIGKEITEN ENTDECKEN
POTENTIALE NUTZEN
550 TESTS UND LÖSUNGEN

BECHTERMÜNZ VERLAG

INHALT

EINLEITUNG

Das Bedürfnis, die eigenen Denkprozesse zu verstehen, entwickelte der Mensch schon vor vielen tausend Jahren. Da wir aus soziologischer Sicht Gesellschaftswesen sind, ist es wichtig für uns, in allen Lebenssituationen die Gedanken und Reaktionen unserer Mitmenschen zu verstehen. Außerdem sind wir von Natur aus neugierig und empfinden deshalb eine Faszination, wenn wir über uns nachdenken.

Gegen Ende des letzten Jahrhunderts wurde die Wissenschaft der Psychometrie geschaffen, die sich mit der Messung geistiger Vorgänge befaßt. Seitdem wurden auf diesem Gebiet enorme Fortschritte gemacht. Psychometrische Testverfahren sind jedoch sehr aufwendig und können nur von erfahrenen Spezialisten durchgeführt werden. Das heißt jedoch nicht, daß es keine für den Laien geeigneten Methoden gibt, auf wissenschaftlicher Basis mehr über sich selbst in Erfahrung zu bringen. Die in diesem Buch vorgestellten Tests wurden speziell auf diesen Zweck zugeschnitten. Wenn man sie umsichtig durchführt, wird man viele erstaunliche Dinge über die eigene Persönlichkeit herausfinden. Doch sollte man sich davor hüten, seine Lebensführung im Hinblick auf die Ergebnisse komplett neu zu gestalten. Wenn Sie die Einblicke in Ihren Charakter vertiefen wollen, sollten Sie sich an die Organisation Mensa wenden, die von ausgebildeten Spezialisten durchgeführte psychometrische Tests anbietet:

Mensa c/o Gisela Novelling, Einsteinstraße 1, 02152 Plauen
Tel. (089) 85 66 38 00, Fax. (089) 8 57 49 74
WorldWideWeb http://www.germany.mensa.org/

R. P. Allen

ROBERT ALLEN
Cheflektor, Mensa Publications
Oktober, 1994

IHR LEBEN UND IHR BERUF

Die Berufswahl gehört zweifellos zu den gravierendsten Entscheidungen des Lebens. Wenn Sie dabei einen Fehler begehen, verbauen Sie sich mit großer Sicherheit Ihre gesamte Zukunft. Erstaunlicherweise erkennen nur wenige Menschen rechtzeitig, daß man seinen Beruf sehr sorgfältig wählen sollte, da er ja den Gang des Lebens zum großen Teil vorherbestimmt. Die folgenden Tests sollen Ihnen helfen, Ihr berufliches Potential zu erkennen. Die Fragen arbeiten nicht nur Ihre Stärken und Schwächen heraus, sondern zeigen Ihnen auch, was Sie von Ihrem Leben erwarten und wie Sie Ihre Vorstellungen realisieren können.

LEBENSPLANUNG

Die meisten Menschen neigen dazu, in den Tag hinein zu leben: sie stehen morgens recht früh auf, gehen zur Arbeit und anschließend nach Hause zurück, ohne sich zu fragen, ob sie wirklich Spaß an ihrem Beruf haben oder ob es möglicherweise eine andere Tätigkeit geben könnte, die sie mit einem höheren Maß an innerer Zufriedenheit erfüllen würde. Diese Fragen sollen Ihnen Ihre beruflichen Vorstellungen ins Bewußtsein rufen und Sie inspirieren, sich einmal zu überlegen, wie Sie Ihre Ziele erreichen können. Es gibt bei diesen Test keine richtigen oder falschen Antworten und auch kein Punktesystem. Wenn Sie eine Frage nicht beantworten können, sollten Sie sie ruhig ignorieren.

ABSCHNITT 1: SIE UND IHRE KOLLEGEN

Arbeiten Sie in einem Büro, einer Fabrik oder einem Krankenhaus? Gefällt Ihnen dieses Arbeitsumfeld? Gehören Sie zu den Menschen, die einen ganz normalen Achtstundentag haben? Würden Sie vielleicht Schichtarbeit bevorzugen oder lieber von Zuhause aus arbeiten? Die folgenden Fragen helfen Ihnen, diese grundsätzlichen Aspekte Ihres Arbeitslebens zu klären.

		JA	NEIN
1	Finden Sie es schön, mit anderen Menschen zusammenzuarbeiten?	☑	☐
2	Bevorzugen Sie geregelte Arbeitszeiten?	☐	☐
3	Gibt es in Ihrem Betrieb Gleitzeit? Falls nicht, würden Sie ein solches Angebot begrüßen.	☐	☐
4	Erwartet Ihr Arbeitgeber von Ihnen, daß Sie eine bestimmte Kleidung tragen?	☐	☐
5	Würden Sie lieber selbst entscheiden, wie Sie sich kleiden?	☐	☐
6	Haben Sie Kollegen, mit denen Sie sich auch privat treffen?	☒	☐
7	Was halten Sie von innerbetrieblichen Vorschriften?	☐	☐
8	Würden Sie mit einem Kollegen oder einer Kollegin eine enge Freundschaft oder Sexualbeziehung eingehen?	☒	☐
9	Gibt es in Ihrem Betrieb viel Firmenklatsch und Mobbing?	☒	☐
10	Können Sie eigenständig arbeiten, beispielsweise von Zuhause aus?	☐	☐
11	Würden Sie die Gesellschaft Ihrer Kollegen vermissen, wenn Sie von Zuhause aus arbeiten?	☑	☐
12	Würden Sie es begrüßen, nicht mehr in Ihrem gewohnten Arbeitsumfeld zu sein?	☐	☐
13	Wären Ihnen mehrere Teilzeitberufe lieber als ein Vollzeitjob?	☐	☐
14	Hätten Sie das Gefühl, bei betrieblichen Angelegenheiten außen vor zu stehen, wenn Sie von Zuhause aus arbeiten würden?	☐	☐
15	Würden Sie Telearbeit in einem Gemeinschaftsbüro dem Arbeiten zu Hause vorziehen?	☐	☐

ABSCHNITT 2: MOTIVATION

Es gibt eine Reihe von verschiedenen Gründen, sich für den einen oder anderen Beruf zu entscheiden. Während beim einen finanzielle Erwägungen im Vordergrund stehen, geht es dem anderen mehr um seine Selbstverwirklichung. Beantworten Sie folgende Fragen, um Aufschlüsse über Ihre Motivationen zu gewinnen.

		JA	NEIN
1	Wenn Sie Zuhause arbeiten würden, wären Sie natürlich den ganzen Tag bei Ihrer Familie. Halten Sie das für vorteilhaft?	☐	☐
2	Würden Sie es bevorzugen, Ihre Arbeitszeiten selbst festzulegen? Beispielsweise am Nachmittag freizunehmen und dafür am Abend zu arbeiten?	☒	☐
3	Würden Sie zu einem schlechter bezahlten Job wechseln, wenn dieser Ihnen mehr Zufriedenheit vermittelt?	☒	☐
4	Würden Sie die Chance wahrnehmen, mehr zu verdienen, auch wenn Sie dafür häufig länger in der Firma bleiben müßten?	☐	☒
5	Freuen Sie sich, wenn Sie gute Arbeit geleistet haben?	☒	☐
6	Glauben Sie, daß Ihre Arbeit sinnvoll und nützlich für die Gesellschaft ist?	☒	☐
7	Glauben Sie, daß Sie mit ihrer Arbeit etwas von bleibendem Wert schaffen?	☐	☐
8	Verschafft Ihnen Ihre Position Macht über andere Mitarbeiter?	☐	☐
9	Ist es wichtig für Sie, daß Sie innerhalb Ihrer Firma ein großes Maß an Autorität haben?	☐	☐
10	Sind Sie zufrieden damit, daß Sie in Ihrer Firma nur "ein kleines Rädchen" darstellen?	☐	☐
11	Würden Sie gerne Ihr eigener Chef sein?	☐	☐
12	Nutzt Ihre Tätigkeit Ihre Fähigkeiten weitgehend aus?	☐	☐
13	Benötigen Sie für Ihre Tätigkeit ein gewisses Maß an Kreativität?	☐	☐
14	Blühen Sie bei Streß erst richtig auf?	☐	☐
15	Stört es Sie, Weisungen entgegennehmen zu müssen?	☐	☐
16	Glauben Sie, daß das Leben ohne Risiken unerträglich langweilig wäre?	☐	☐
17	Würden Sie den Sprung in die Selbständigkeit wagen?	☐	☐
18	Hat die Aussicht auf Beförderungen bei der Wahl Ihrer jetzigen Tätigkeit eine wichtige Rolle gespielt?	☐	☐
19	Könnten Sie für den Rest Ihres Arbeitslebens mit Ihrer jetzigen Tätigkeit zufrieden sein?	☐	☐

		JA	NEIN
20	Lieben Sie die Hektik und den Rummel des Stadtlebens?	☐	☐
21	Meinen Sie, daß die innerbetrieblichen Vorschriften weitgehend überflüssig sind und nur den Arbeitsablauf stören?	☐	☐
22	Würden Sie einen gut bezahlten Job auch annehmen, wenn er Ihnen total gegen den Strich geht?	☐	☐
23	Verfügen Sie über genug Disziplin, um sich Ihre Arbeit selbst einzuteilen, ohne daß Sie jemand dazu antreiben muß?	☐	☐
24	Glauben Sie manchmal, es wäre allmählich an der Zeit, Ihre Marschroute komplett zu ändern?	☐	☐
25	Bereuen Sie Ihre Berufswahl manchmal?	☐	☐
26	Würden Sie gerne für eine große Firma arbeiten?	☐	☐
27	Würden Sie einen Beruf ausüben, der bei vielen Menschen ein negatives Image hat (Polizist, Steuerfahnder)?	☐	☐
28	Fühlen Sie sich auch dem härtesten Konkurrenzkampf gewachsen?	☐	☐
29	Würden Sie gerne einen Beruf ausüben, der Ihnen zwar ein hohes Ansehen verschafft, aber schlecht bezahlt wird?	☐	☐
30	Würden Sie Ihre Ersparnisse riskieren, um sich selbständig zu machen?	☐	☐
31	Welche Rolle spielt es für Sie, ob ein Arbeitsplatz sicher ist?	☐	☐
32	Würden Sie eine sehr gut bezahlte Tätigkeit ausüben, bei der nicht gewiß ist, ob Sie nicht an nächsten Tag wieder auf der Straße stehen?	☐	☐
33	Käme für Sie auch ein Beruf in Frage, bei dem Sie Kopf und Kragen riskieren, beispielsweise bei der Feuerwehr?	☐	☐
34	Verschafft Ihnen Ihre jetzige Tätigkeit jenes Maß an beruflicher Weiterbildung, das Sie für Ihr Vorankommen benötigen?	☐	☐
35	Haben Sie zu Ihren Kollegen ein freundschaftliches Verhältnis?	☐	☐

		JA	NEIN

ABSCHNITT 3: FREUDE AM BERUF

1	Freuen Sie sich darauf, jeden Tag zur Arbeit zu gehen?	☐	☐
2	Arbeiten Sie gerne in der Stadt?	☐	☐
3	Ist Ihr Job so zeitraubend, daß Ihnen kaum noch Zeit für private Sozialkontakte bleibt?	☐	☐
4	Ist Ihr Job so zeitraubend, daß Ihre Familie darunter leidet?	☐	☐
5	Mögen Sie Ihren Beruf, aber nicht Ihren derzeitigen Arbeitsplatz?	☐	☐
6	Haben Sie sich diesen Beruf ausgesucht, oder sind Sie einfach dort hineingerutscht?	☐	☐
7	Bedauern Sie Ihre Berufswahl?	☐	☐
8	Ist es für Sie schon zu spät, um noch zu Ihrem Traumberuf zu wechseln?	☐	☐
9	Würden Sie gerne außerhalb geschlossener Räume arbeiten?	☐	☐
10	Würden Sie es während Ihrer Tätigkeit gerne mit vielen Menschen zu tun haben?	☐	☐
11	Würden Sie lieber für eine kleine Firma arbeiten, vielleicht sogar in einem Familienunternehmen?	☐	☐
12	Würden Sie sich im Polizei- oder Militärdienst sicherer fühlen?	☐	☐
13	Würden Sie sich in einer unsicheren Stellung wohlfühlen, die überdurchschnittlich gut bezahlt wird?	☐	☐
14	Wären Sie glücklicher, wenn Ihre Kollegen alle Ihrem Geschlecht angehören würden?	☐	☐
15	Würden Sie es in Betracht ziehen, mit Ihrem Ehepartner oder Ihren Kindern zusammenzuarbeiten?	☐	☐
16	Hätten Sie gerne ein Familienunternehmen, das Sie später an Ihre Kinder weitergeben könnten?	☐	☐

ABSCHNITT 4: LOGISTIK

1	Müssen Sie weit fahren, um zu Ihrem Arbeitsplatz zu kommen? Macht Ihnen das viel aus?	☐	☐
2	Wenn Sie zu Hause arbeiten würden, könnten Sie lange Fahrwege vermeiden. Wäre das interessant für Sie?	☐	☐
3	Würden Sie lieber reisen, statt in einer Firma zu arbeiten?	☐	☐
4	Würden Sie einen Job annehmen, bei dem Sie immer wieder umziehen müßten?	☐	☐
5	Würden Sie gerne im Ausland arbeiten?	☐	☐

ABSCHNITT 5: IHRE LEISTUNG

		JA	NEIN
1	Haben Sie Probleme mit Ihrer Arbeit? Wenn ja, welche?	☐	☐
2	Hätten Sie diese Probleme an einem anderen Arbeitsplatz auch?	☐	☐
3	Sind Sie der Ansicht, daß man mit Ihrer Arbeit zufrieden ist?	☐	☐
4	Werden Sie von Ihrem Arbeitgeber für eine gute Arbeitskraft gehalten?	☐	☐
5	Sind Sie schon einmal für mangelhafte Arbeit gerügt worden? War diese Rüge begründet?	☐	☐
6	Fühlen Sie sich aufgrund Ihres Geschlechts oder Ihrer Zugehörigkeit zu einer Minderheitengruppe diskriminiert?	☐	☐
7	Glauben Sie, daß Sie sich in ihrer innerbetrieblichen Position noch verbessern können?	☐	☐
8	Sind Sie mit dem Verlauf Ihrer Karriere zufrieden?	☐	☐
9	Ist Ihre Karriere wirklich so verlaufen, wie Sie es sich vorgestellt haben?	☐	☐
10	Meinen Sie, daß Sie in Ihrem gegenwärtigen Beruf noch vorankommen können?	☐	☐
11	Fühlen Sie sich bei der Beförderung übergangen?	☐	☐
12	Würden Sie einen Job annehmen, bei dem Ihre Leistungen permanent überprüft werden?	☐	☐

ABSCHNITT 6: VERDIENST, QUALIFIKATIONEN UND BERUFSZIELE

1   Erstellen Sie eine vollständige Analyse Ihres Verdienstes. Berücksichtigen Sie auch Firmenrenten, den Firmenwagen und andere Vergünstigungen. Notieren Sie auch alle Vorteile, die Ihnen der gegenwärtige Arbeitsplatz bietet (zum Beispiel, wenn Sie so nahe an Ihrem Arbeitsplatz wohnen, daß Sie nicht extra für die Beaufsichtigung Ihrer Kinder sorgen müssen).

_____ _____ ,

_____ _____ ,

_____ _____ ,

_____ _____ ,

2 Stellen Sie eine möglichst vollständige Liste all Ihrer Abschlüsse und Fähigkeiten auf, vom Doktorgrad bis zum Erste-Hilfe-Kurs. Geben Sie alles an, was Sie zu bieten haben.

_____   Abschluß _____

_____   Abschluß _____

_____   Abschluß _____

_____   Abschluß _____

_____   Abschluß _____

_____   Abschluß _____

_____   Abschluß _____

_____   Abschluß _____

_____   Abschluß _____

_____   Abschluß _____

3 Würden Sie gerne weitere Abschlüsse machen?
Listen Sie auf, welche in Frage kämen.

_____

_____

_____

_____

_____

4 Reicht Ihre Ausbildung aus, um in Ihrem Beruf Karriere zu machen?

Welche Position wollen Sie erreichen

a) in fünf Jahren? _____

b) in zehn Jahren? _____

KARRIERE ODER BERUFUNG?

Die folgenden Fragen beschäftigen sich mit Ihren Interessen, Wünschen und Gefühlen. Sie sollen Fakten ans Licht bringen, die für Ihre weitere Karriere von Bedeutung sein könnten. Die Ergebnisse können Ihnen die Beantwortung der Frage erleichtern, ob ein beruflicher Wechsel vorteilhaft ist und in welcher Weise Sie sich verändern sollten. Es gibt keine richtigen oder falschen Antworten. Seien Sie bei den Antworten so ehrlich wie möglich – außer Ihnen wird sie niemand zu sehen bekommen. Beantworten Sie nach Möglichkeit alle Fragen.

		JA	NEIN
1	Ich denke logisch und rational.	☐	☐
2	In praktischen Dingen werde ich immer wieder von anderen um Hilfe gebeten.	☐	☐
3	Wenn es darauf ankommt, einen Fehler zu finden, kann ich mich den ganzen Tag mit dem Kontrollieren von Zahlenkolonnen beschäftigen.	☐	☐
4	Ich bastle gerne an Autos herum.	☐	☐
5	Während meiner Schulzeit zog ich Kunst und Literatur den Naturwissenschaften vor.	☒	☐
6	Ich komme in Krisensituationen gut zurecht.	☐	☒
7	Eine Führungsposition wäre für mich zu anstrengend.	☐	☐
8	Während meiner Schulzeit war ich in den naturwissenschaftlichen Fächern immer gut.	☐	☒
9	Ich wäre ein guter Lehrer.	☒	☐
10	Ich gehe niemals nur zum Spaß ein Risiko ein.	☐	☒
11	Wenn man will, daß eine Arbeit ordentlich erledigt wird, muß man sie selbst machen.	☐	☐
12	Ich hatte in Mathematik immer gute Noten.	☐	☐

		JA	NEIN

13	Ich bin ziemlich still und zurückhaltend.	☐	☒
14	Die Situation und der Arbeitsablauf im Büro zermürben mich.	☒	☐
15	Ich habe noch niemals daran gedacht, meine Gedanken laut auszusprechen.	☐	☒
16	Musik nimmt in meinem Leben eine wichtige Stellung ein.	☒	☐
17	Normalerweise fühle ich mich allen Lebenssituationen gewachsen.	☐	☐
18	Mich fasziniert der Umgang mit Computern.	☐	☐
19	Vorgesetzte stören nur.	☐	☐
20	Ich bin ein Technikfreak.	☐	☐
21	Ich liebe Computerspiele.	☐	☐
22	Ich kann nicht verstehen, warum manche Menschen gerne spielen.	☐	☐
23	Als Schauspieler zu arbeiten würde mir Spaß machen.	☐	☐
24	Manche Leute sagen, ich sollte mehr Geld für meine Arbeit verlangen, weil ich besonders gut darin bin.	☐	☐
25	Ohne ständige Veränderungen wäre das Leben sinnlos.	☐	☐
26	Eine Karriere im Verkaufsbereich würde mich interessieren.	☐	☐
27	Ich habe einige Bücher gelesen, die mein Leben verändert haben.	☐	☐
28	Anderen Familienmitgliedern bei ihren Problemen zu helfen halte ich für eine sinnvolle Tätigkeit.	☐	☐
29	Ich entwickle mich ständig weiter.	☐	☐
30	Kinder sollten ihre Zeit lieber sinnvoll nutzen, als immer nur vor Computerspielen zu hocken.	☐	☐
31	Ich bin nicht gerne alleine.	☐	☐
32	Lärm lenkt mich von meinen Aufgaben ab.	☐	☐
33	Ich mag alles was mit Zahlen zu tun hat.	☐	☐
34	Zuschüsse des Staates für Kunstprojekte halte ich für reine Geldverschwendung.	☐	☐

		JA	NEIN
35	Ich sehe mir lieber ein schönes Auto an als ein berühmtes Bild.	☐	☐
36	Ich würde gerne entlegene Gegenden erforschen.	☐	☐
37	Jeder Tag sollte eine neue Überraschung bringen.	☐	☐
38	Ich kann Menschenansammlungen nicht ausstehen.	☐	☐
39	Routinearbeit und Mitarbeit in der Kirchengemeinde werden zwar nicht hoch geschätzt, aber irgend jemand muß sie ja machen.	☐	☐
40	Alleine zu sein finde ich deprimierend.	☐	☐
41	Die Probleme anderer Menschen interessieren mich sehr.	☐	☐
42	Musik kann mich tief berühren.	☐	☐
43	Ich fühle mich des öfteren schrecklich unwohl, obwohl ich den Grund dafür nicht kenne.	☐	☐
44	Ich mag es nicht, wenn andere mir sagen, was ich tun soll.	☐	☐
45	Ich hasse Routinearbeiten.	☐	☐
46	Ich würde gerne an einer Besichtigung eines Kernkraftwerks teilnehmen.	☐	☐
47	Ich versuche, andere Menschen von meinen Ansichten zu überzeugen.	☐	☐
48	Mit geistig Behinderten zu arbeiten würde mich zu sehr belasten.	☐	☐
49	Ich habe gerne viele Menschen um mich.	☐	☐
50	Ein wenig Gefahr macht das Leben interessanter.	☐	☐
51	Ich würde gerne für einige Monate in einer Weltraumstation arbeiten.	☐	☐
52	Ich wollte schon immer einen Roman schreiben.	☐	☐
53	Ich bin der geborene Anführer.	☐	☐
54	Mich irritiert es, wenn andere Menschen die einfachsten Aufgaben nicht bewältigen können.	☐	☐
55	Ich könnte nicht Tag für Tag in einem Büro arbeiten.	☐	☐
56	Ich arbeite lieber mit Maschinen als mit Menschen.	☐	☐
57	Ich bin für meine Anpassungsfähigkeit bekannt.	☐	☐

	JA	NEIN

58   Ich komme nicht damit zurecht, wenn ich kritisiert werde. ☐ ☐

59   Ich bevorzuge praktische Arbeit und verschwende keine Zeit mit Schreiberei oder anderen künstlerischen Aktivitäten. ☐ ☐

60   Ich mag es nicht, wenn mein Tagesablauf durcheinander gebracht wird. ☐ ☐

61   Ich wäre gerne ein Forscher. ☐ ☐

62   Ich versuche immer, andere Menschen von meinen Ansichten zu überzeugen. ☐ ☐

63   Ich habe Freude daran, etwas anzufertigen. ☐ ☐

64   Eine Karriere in der Werbebranche würde zu mir passen. ☐ ☐

65   Ich hätte gerne einen Beruf, bei dem man viel reisen muß. ☐ ☐

66   Ich gehe nicht gerne auf Partys, wo ich niemanden kenne. ☐ ☐

67   Ich schiebe Verantwortung gerne an andere weiter. ☐ ☐

68   Ich verstehe nichts von Computern, das ist mir zu kompliziert. ☐ ☐

69   Der Beruf eines Handlungsreisenden würde mir zusagen. ☐ ☐

70   Ich weiß, welche physikalischen Gesetze dafür sorgen, daß eine Maschine läuft. ☐ ☐

71   Ich habe oft ohne erkennbaren Grund Magenschmerzen. ☐ ☐

72   Ich denke mir gerne ein System aus, das Handlungsabläufe effektiver macht. ☐ ☐

73   Ich kann gut organisieren. ☐ ☐

74   Es wäre mir lieber, wenn andere Menschen nicht ständig mit ihren Problemen zu mir kämen. ☐ ☐

75   Ich mag ausgefallene Sportarten wie Fallschirmspringen oder Freeclimbing. ☐ ☐

76   Ich wäre gerne Kandidat bei einer Gameshow. ☐ ☐

77   Die Wissenschaft hat Fortschritte bewirkt, von denen unsere Großeltern nicht zu träumen gewagt hätten. ☐ ☐

78   Ich finde Computer faszinierend. ☐ ☐

		JA	NEIN
79	Ich habe ein gutes Auge für Details.	☐	☐
80	Die meisten Menschen halten mich für einen coolen Typen, der auf keiner Party fehlen darf.	☐	☐
81	Ich wäre gerne ein Künstler.	☐	☐
82	Ich würde einen Job mit unregelmäßiger Bezahlung annehmen, wenn die Aussichten gut sind, dadurch an das große Geld heranzukommen.	☐	☐
83	Ich führe meine Arbeit am liebsten völlig selbständig aus.	☐	☐
84	Es macht mit viel Spaß, wenn ich weiß, wie eine Maschine funktioniert.	☐	☐
85	Ich bin gerne mit anderen Menschen zusammen.	☐	☐
86	Ich bin von Spielen fasziniert.	☐	☐
87	Menschen, die ihre Zeit mit künstlerischen Tätigkeiten verschwenden, werden es nie zu etwas bringen.	☐	☐
88	Ich bevorzuge einen geregelten Tagesablauf.	☐	☐
89	Ich arbeite nicht gerne in einer unordentlichen Umgebung.	☐	☐
90	Praktisch arbeitende Menschen nutzen der Gesellschaft mehr als Akademiker.	☐	☐
91	Ich würde gerne für behinderte Kinder sorgen.	☐	☐
92	Ich löse gerne Kreuzworträtsel.	☐	☐
93	Meiner Ansicht nach bin ich den meisten schwierigen Situationen gewachsen.	☐	☐
94	Gesellschaftliche Verpflichtungen machen mehr Spaß, wenn man in einer Gruppe hingeht.	☐	☐
95	Ich weiß gerne im Voraus, was mich am nächsten Tag erwartet.	☐	☐
96	Irgend jemand muß dafür sorgen, daß die lästigen Aufgaben erledigt werden.	☐	☐
97	Normalerweise erledige ich die Dinge so, wie ich es für richtig halte.	☐	☐
98	Mit dem Job einer Krankenschwester könnte ich mich durchaus anfreunden.	☐	☐
99	Ich wurde schon oft gebeten, meine Meinung zu äußern.	☐	☐
100	Ich kann mich fürchterlich darüber aufregen, wenn jemand noch nicht einmal eine Glühlampe auswechseln kann.	☐	☐

	JA	NEIN
101 Die Menschen sollten selber entscheiden können, wie sie leben wollen.	☐	☐
102 Logische Probleme interessieren mich.	☐	☐
103 Als Polizist dient man der Allgemeinheit.	☐	☐
104 Ich habe zu jedem Thema eine eigene Meinung.	☐	☐
105 Es verschafft mir eine große Befriedigung, wenn ich durch meine Intelligenz ein Problem lösen kann.	☐	☐
106 Menschen, die den Sinn wissenschaftlicher Forschungen in Frage stellen, haben deren Wichtigkeit nicht erkannt.	☐	☐
107 Sozialarbeiter sollten sich nicht so oft in die Angelegenheiten anderer einmischen.	☐	☐
108 Ich würde gerne als Bankangestellter arbeiten.	☐	☐
109 Ich wäre gerne Politiker.	☐	☐
110 Ich neige manchmal grundlos zu Wutausbrüchen.	☐	☐
111 Ich würde niemals eine langweilige Arbeit annehmen, auch wenn ich dabei gut verdienen würde.	☐	☐
112 Ich befasse mich ungern mit mathematischen Problemen.	☐	☐
113 Die Wissenschaft hat der Menschheit größere Fortschritte gebracht als die Kunst.	☐	☐
114 Kirchenarbeit ist langweilig und wenig anspruchsvoll.	☐	☐
115 Ich neige zu Depressionen.	☐	☐
116 Ich würde eine Karriere als Buchhalter durchaus interessant finden.	☐	☐
117 Ich beteilige mich gerne an größeren Veranstaltungen und Gruppendiskussionen.	☐	☐
118 Als Kirchenmitarbeiter zu arbeiten wäre mir zu langweilig.	☐	☐
119 Ich würde gerne Viren unter dem Mikroskop untersuchen.	☐	☐
120 Ich würde gerne als freier Mitarbeiter arbeiten und mein Tätigkeitsfeld immer wieder verändern.	☐	☐

EIGNUNGSTEST A

MATHEMATISCHES KÖNNEN

Wenn Sie sich heutzutage für einen Job bewerben, werden Sie sich normalerweise einem Eignungstest unterziehen müssen. Darin geht es nicht nur um Ihre praktischen Fähigkeiten, sondern auch um sprachliches und mathematisches Können. Bei diesen Tests ist es nicht ganz unwichtig, wie schnell man sie abschließt. Beantworten Sie deshalb zunächst alle Fragen, die Ihnen leicht erscheinen. Vielleicht haben Sie das Gefühl, daß Sie für die Beantwortung der Fragen zu wenig Zeit haben. Das ist aber von den Prüfern beabsichtigt.

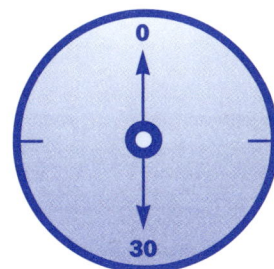

ZEITLIMIT: 30 MINUTEN

1 Welchen Zahl folgt den Zahlen: 2, 3, 5, 9? _____

2 Eine Familie schüttet von jedem gekauften Liter Milch einen Viertelliter weg. Wieviel Milch wurde getrunken, wenn 12 halbe Liter weggegossen wurden? _____

3 A = 13, B = 3 x A − 7, C = 2 x B + 5. Wieviel ist 4 x C? _____

4 Ein Mopedfahrer fährt mit konstanter Geschwindigkeit und legt eine Strecke von 260 Kilometer in 4 Stunden und 20 Minuten zurück. Wie viele Kilometer legt er pro Stunde zurück? _____

5 Wenn B + A = 7 ist und A − B = 3, welchen Zahlen entsprechen dann A und B? _____

6 Wie groß ist die Hälfte des Produktes aus 5 und der Quadratwurzel von 64? _____

7 Wenn man für ein Omelette 3 Eier benötigt und von 5 Dutzend Eiern
10% schlecht sind, wie viele Omeletts kann man dann von dem Rest backen?

_____

8 Wie viele Zellen existieren nach 4 Tagen, wenn sich jede pro Tag einmal teilt
und am ersten Tag 7 Zellen vorhanden waren?

_____

9 Ein Viertel der in einem Büro arbeitenden Personen trinkt Tee, ein Sechstel
Wasser, die Hälfte Kaffee und zwei gar nichts. Wie viele Personen arbeiten dort?

_____

10 Wenn ein Bus 30 Minuten lang mit 38 km/h fährt, dann im Berufsverkehr
15 Minuten lang 8 km/h und anschließend 1 Stunde und 5 Minuten lang mit
60 km/h, welche Strecke hat er dann zurückgelegt?

_____

11 Welche Zahl folgt auf die Reihe 2, 4, 16?

_____

12 140 Schüler besuchen eine Grundschule. Wenn von ihnen 15% Vegetarier
sind und 5% gläubige Moslems, wie viele Schüler können dann zu Mittag
Schweinefleisch essen?

_____

13 Das Volumen V einer Schachtel mit den Seitenlängen P, Q, und R beträgt
P x Q x R. P = 20, Q = 15, V = 9000 – wie groß ist R?

_____

14 Welche Zahl ist um den gleichen Betrag größer als 3 x 3, um den sie kleiner
ist als 5 x 5?

_____

15 Wieviel Geld verdient ein Spekulant, wenn er folgende Verkäufe tätigt:
500 Anteilsscheine für einen Kurs von 3 Einheiten, die ihn 2,45 Einheiten
gekostet haben, sowie 350 Anteilsscheine à 3,1 Einheiten, die er für
3,2 Einheiten erworben hat?

_____

16 Wenn ein Junge jeden Tag 6 Bonbons ißt, wie viele Wochen hält dann eine
Tüte mit 210 Bonbons?

_____

17 Eine Gesamtsumme von 1000 Einheiten wird als Sparguthaben angelegt.
Wie viele Jahre dauert es, bis bei einer Zinsgutschrift von 10% pro Jahr ein
Guthaben von 1450 Einheiten erreicht wird?

_____

18 Welche Zahl folgt auf 4, 10, 22, 46?

_____

19 Welche Zahl entspricht P und Q, wenn P + Q = 15, P x Q = 54 und P – Q = 3 ist?

_____

20 Wenn eine Kassette 90 Minuten Spieldauer hat, wie viele Kassetten braucht man,
um 4 CDs mit 91, 97, 88 und 102 Minuten Spielzeit aufzuzeichnen und wie viele
Minuten Spielzeit bleiben übrig?

_____

21 Wenn ein Mann mit 5 km/h läuft, wie lange braucht er dann für 13 km?

_____

22   Am Montag zeigt eine Uhr 14.00 Uhr an. Wenn sie alle 2 Stunden 3 Minuten nachgeht, welche Zeit wird sie dann anzeigen, wenn es in Wirklichkeit Dienstag, 20.00 Uhr ist?   _____

23   Das Muster einer Kachel besteht aus drei Dreiecken. Wenn eine Wand 135 solcher Dreiecke aufweist, wie viele Kacheln wurden dann verwendet?   _____

24   Auf einem Kindergeburtstag soll jedes Kind 2 Ballons, ein Stück Kuchen und 3 Bonbons bekommen. 27 Kinder sind anwesend, 5 wollen keine Bonbons, wie viele Geschenke müssen verteilt werden?   _____

25   Welche Zahl folgt auf 360, 72, 18, 6?   _____

26   Welche Zahl folgt auf 250, 50, 10?   _____

27   Drei Maurer verlegen je 96 Steine pro Stunde. Wie lange brauchen sie, um eine Mauer aus 7200 Steinen zu bauen?   _____

28   Ringelblumensamen werden in Tütchen zu 32 Stück verkauft. Wenn 75% der Saat aufgeht, wie viele Blumen erhält man, wenn man die Samen aus 6 Tüten ausstreut?   _____

29   Jeden Tag wird Orangensaft in ein Hotel geliefert. Wenn am Montag 9 Kartons geliefert werden, am Dienstag 13, 21 am Mittwoch und 37 am Donnerstag, wie viele Kartons werden dann am Sonntag geliefert?   _____

30   Welche Zahl entspricht A und B, wenn $2A + 3B = 29$ und $5B - 5 = 30$ ist?   _____

31   Wenn S = 20% von T ist, T ein Drittel des Wertes von U, U = 4,5 mal so viel wie V, V = 24, welche Zahl entspricht dann S?   _____

32   Ein Kind teilt seine Murmeln so mit seinen Freunden, daß jedes Kind doppelt so viele Murmeln erhält, wie es alt ist. Wie viele Murmeln werden für eine Gruppe von Kindern gebraucht, in der sieben 6jährige, drei 9jährige und fünf 10jährige sind?   _____

33   Welche Zahl folgt auf 4, 10, 25?   _____

34   Nach einem Regenschauer steigt der Pegel in einer Wassertonne von 13 mm auf 37 mm. Wenn der Pegel alle 2 Minuten um 3 mm angestiegen ist, wie lange hat der Regenschauer dann gedauert?   _____

35   Welche Zahl ist um so viel kleiner als zwei Dutzend, wie 2 kleiner ist als ein Dutzend?   _____

36   Welche Zahl entspricht X, wenn $7X - 12 = 5X + 6$ ist?   _____

37   Ein Gerät wurde 56 mal benutzt, bevor es kaputtging. Wenn es dreimal am Tag gebraucht wurde, wie lange hat es dann funktioniert?   _____

38 Wenn Tom 7 Jahre alt ist, seine Mutter vier mal so alt ist und ihr Vater doppelt so alt wie sie, wie alt war dieser dann bei Toms Geburt? _____

39 Eine Katze hat zwei Würfe mit jeweils 5 Jungen, von denen 40% 3 Würfe mit 2 Jungen haben und die restlichen 2 Würfe mit 4 Jungen. Wie viele Katzen ergibt das? _____

40 Wenn eine Kette im Verhältnis 17 rote, 39 orange und 136 schwarze Perlen hat, wie viele orange und schwarze Perlen braucht man dann, um die Kette fertigzustellen, wenn man bereits 340 rote Perlen verwendet hat? _____

41 Wenn jeder Buchstabe des Alphabets drei mal so viel wert ist, wie die Zahl, der er entspricht – d.h. A = 1 und Z = 26 – wieviel ist dann das ganze ABC wert? _____

42 Welche Zahl kommt nach 8, 12, 18, 26? _____

43 Bei einem Spiel sind die Spielsteine jeweils mit einem Buchstaben beschriftet. Jeder der fünf Selbstlaute ist auf fünf Spielsteinen vorhanden, jeder Konsonant auf drei. Wie viele Steine gibt es insgesamt? _____

44 Welche Zahlen entsprechen Y und Z, wenn 5X = 30 und 7X = 21 Y = 14Z ist? _____

45 Welcher Buchstabe ist um so viele Stellen größer als F wie S kleiner als X ist? _____

46 Ein Paket besteht aus 50 Batterien, 22% der Batterien halten maximal 8 Stunden, 36% 9,5 Stunden und der Rest hält 11 Stunden. Wie viele Stunden werden alle Batterien zusammen funktionieren? _____

47 Acht von zehn Personen geben an, noch niemals eine Straftat begangen zu haben. Nehmen wir an, sie sagen die Wahrheit – wie viele Personen aus einer Gruppe von 570 Leuten haben dann schon einmal eine Straftat begangen? _____

48 Ein Würfel hat sechs Seiten. Wenn man 138 Seitenteile hat, wie viele Würfel erhält man dann? _____

49 Welche Zahl entspricht A, wenn B + C = 12, 15 – C = 8 und A x B x C = 105 sind? _____

EIGNUNGSTEST B

VERBALE FÄHIGKEITEN

Einen der besten Indikatoren für die Intelligenz eines Menschen stellt der Wortschatz dar. Natürlich gibt es Ausnahmen – wer Schwierigkeiten mit dem Lesen hat, wird in der Regel auch nur über ein begrenztes Vokabular verfügen. Die meisten durchschnittlich intelligenten Menschen kennen und verwenden jedoch eine recht große Anzahl von Worten. Finden Sie zu jedem der genannten Begriffe die Ihrer Ansicht nach passendste Umschreibung. Die ersten Beispiele sind recht einfach, aber danach wird der Test zunehmend schwieriger.

ZEITLIMIT: 10 MINUTEN

1 RATIO:

A) ☐ Einkaufszentrum

B) ☐ Vernunft

C) ☐ Polizeiliche Durchsuchung

2 EDITOR:

A) ☐ Römischer Steuereintreiber

B) ☐ Bauelement der Nachrichtentechnik

C) ☐ Textprogramm für Computer

3 BOLIDE:

A) ☐ Meteor

B) ☐ Großes Motorfahrzeug

C) ☐ Lautsprecher

4 BOHEME:

A) ☐ Osteuropäischer Landstrich

B) ☐ Künstlermilieu

C) ☐ Spanischer Tanz

5 DISSENS:

A) ☐ Meinungsverschiedenheit

B) ☐ Doktorarbeit

C) ☐ Wertpapier

6 INDEX:

A) ☐ Schlagwortregister

B) ☐ Gesetzesschrift

C) ☐ Schuldschein

7   TERMINAL:

A) ☐ Zollfreier Bereich im Flughafen

B) ☐ Sichtgerät eines Datennetzwerks

C) ☐ Taschenkalender

8   METRONOM:

A) ☐ Taktgeber für Musikübungen

B) ☐ Wetterkundler

C) ☐ Astronomische Einheit

9   ROMADUR:

A) ☐ Antiker Prunkbau

B) ☐ Musikalische Tongattung

C) ☐ Weichkäse

10   TRADEMARK:

A) ☐ Warenzeichen

B) ☐ Handelswährung

C) ☐ Veraltet für Wegmarkierung

11   ROTWELSCH:

A) ☐ Sozialistischer Freiheitskämpfer

B) ☐ Gaunersprache

C) ☐ Rebensorte

12   OBOLUS:

A) ☐ Eintrittsgeld

B) ☐ Römisches Holzblasinstrument

C) ☐ Kleiner Beitrag

13   REDUNDANZ:

A) ☐ Elektrische Ladung

B) ☐ Rückfinanzierung

C) ☐ Überfluß

14   SAKE:

A) ☐ Bodensediment

B) ☐ Japanischer Reiswein

C) ☐ Ankerwinde

15   TRATTORIA:

A) ☐ Italienisches Wirtshaus

B) ☐ Spanisch: Pferdestall

C) ☐ Robenartiges Gewand

16   DORADE:

A) ☐ Fisch

B) ☐ Sagenhaftes Goldland

C) ☐ Folge von zwei Jahrzehnten

17   EKLIPSE:

A) ☐ Kreis mit zwei verschiedenen Radien

B) ☐ Sonnen- oder Mondfinsternis

C) ☐ Barocker Chorgesang

18   POLARISATION:

A) ☐ Ausrichtung

B) ☐ Meteorologischer Begriff für Vereisung

C) ☐ Flußrichtung des elektrischen Stroms

19 FUNDAMENTALIST:

A) ☐ Rechtsradikaler

B) ☐ Religiöser Eiferer

C) ☐ Jemand, der an seinen Grundsätzen festhält

20 SORBIT:

A) ☐ Zuckerersatzstoff

B) ☐ Halbgefrorene Speise

C) ☐ Seltenes Mineral

21 HOMÖOPATHIE:

A) ☐ Gleichgeschlechtliche Liebe

B) ☐ Alternative medizinische Lehre

C) ☐ Zwanghafte Menschenfeindlichkeit

22 ZISTERNE:

A) ☐ Behälter für Regenwasser

B) ☐ Geschwulst

C) ☐ Landgasthof

23 VULKANISATION:

A) ☐ Geologische Sedimentbildung

B) ☐ Heiligsprechung

C) ☐ Behandlung von Kautschuk mit Schwefel

24 TOXIN:

A ☐ Nordamerikanischer Indianerstamm

B) ☐ Organischer Giftstoff

C) ☐ Börsenindex

25 HARDTOP:

A) ☐ Abnehmbares Autoverdeck

B) ☐ Computerbauteil

C) ☐ Steifer Hut

26 OMBUDSMANN:

A) ☐ Bezirksleiter

B) ☐ Rechtsbeistand bei Behördenangelegenheiten

C) ☐ Forstwart

27 MAHDI:

A) ☐ Mohammedanischer Welterneuerer

B) ☐ Indischer Fürst

C) ☐ Pakistanisches Würfelspiel

28 KALOTTE:

A) ☐ Kugelabschnitt

B) ☐ Speisefisch

C) ☐ Aus Mohrrüben gewonnener Farbstoff

29 MAJORDOMUS:

A) ☐ Leiter eines Fanfarenkorps

B) ☐ Schädelknochen

C) ☐ Stellvertreter

30 PATINA:

A) ☐ Beckenknochen

B) ☐ Rostbelag bei antiken Gegenständen

C) ☐ Spanische Fleischpastete

31 INVERSION:

A) ☐ Umkehrung

B) ☐ Militärische Grenzüberschreitung

C) ☐ Markteinführung

32 NONE:

A) ☐ Nordische Schicksalsgöttin

B) ☐ Musikalisches Intervall

C) ☐ Wurfanker

33 OBSESSION:

A) ☐ Rassentrennung

B) ☐ Zwangsvorstellung

C) ☐ Sucht

34 POSTAMENT:

A) ☐ Sonderform des Testaments

B) ☐ Nachruf

C) ☐ Unterbau

35 TRAVERTIN:

A) ☐ Flußkalk

B) ☐ Gewundene Bergstraße

C) ☐ Auftritt von Männern in Frauenkleidung

36 PATIO:

A) ☐ Spanisch: Innenhof eines Hauses

B) ☐ Lateinisch: Frieden

C) ☐ Hafenbecken

37 REPEATER:

A) ☐ Lehrer für Diplomanden

B) ☐ Geldverleiher

C) ☐ Relaisstation für den Funkverkehr

38 PUNCH:

A) ☐ Alkoholisches Heißgetränk

B) ☐ Boxhieb

C) ☐ Vermischung

39 MORPHOLOGIE:

A) ☐ Gestaltlehre

B) ☐ Wissenschaftliche Abhandlung

C) ☐ Neuartige Tricktechnik des Kinofilms

40 PETENT:

A) ☐ Bittsteller

B) ☐ Juristisches Formular

C) ☐ Tierasyl

41 SABRE:

A) ☐ In Israel Geborener

B) ☐ Französisch: Leben

C) ☐ Türkischer Dolch

42 KADENZ:

A) ☐ Verschwendungssucht

B) ☐ Musikalische Improvisation

C) ☐ Wartezeit

43 **CHI:**

A) ☐ Thailändische Kampfsportart

B) ☐ Griechischer Dessertwein

C) ☐ Chinesisch: Lebenskraft

44 **HASARD:**

A) ☐ Arabisch: Wüstenwind

B) ☐ Glücksspiel

C) ☐ Söldner

45 **SKALENOEDER:**

A) ☐ Besonderer Kristall

B) ☐ Instrument zur Landvermessung

C) ☐ Römischer Barde

46 **HAFF:**

A) ☐ Küstenbucht

B) ☐ Pferdeweide

C) ☐ Weiher

47 **SKYLIGHT:**

A) ☐ Olympischer Wintersport

B) ☐ Wolkenformation

C) ☐ Nautischer Begriff für Oberlicht

48 **NOSTRIFIKATION:**

A) ☐ Weissagung

B) ☐ Nasenoperation

C) ☐ Einbürgerung

49 **EMULATION:**

A) ☐ Chemischer Lösungsvorgang

B) ☐ Nachahmung

C) ☐ Einwanderung

50 **ALLOKUTION:**

A) ☐ Heilverfahren der Schulmedizin

B) ☐ Päpstliche Ansprache

C) ☐ Ratifizierung eines Abkommens

ERINNERUNGSVERMÖGEN

Das Erinnerungsvermögen sagt nichts über die Intelligenz eines Menschen aus. So gibt es Menschen mit unterdurchschnittlicher Intelligenz, die sich erstaunlich viele Dinge merken können, aber auch hochintelligente Wissenschaftler, die ständig Dinge verlegen und Termine vergessen.

Trotzdem kann das Erinnerungsvermögen in großem Maße zur Lösung psychologischer Tests beitragen. Ich habe mir die Lösungsansätze vieler typischer Fragen gemerkt, so daß ich die meisten Tests problemlos lösen kann. Ob ich es auch ohne diese Erinnerungen schaffen würde, muß dahingestellt bleiben – es dürfte ziemlich schwer sein, meine Intelligenz zu bewerten, da mein Erinnerungsvermögen das Testergebnis in großem Maße beeinflußt.

Im alltäglichen Leben spielt es jedoch keine Rolle, ob man einen Test allein durch Intelligenz löst oder seine Erinnerungen zu Rate zieht. Wenn wir eine Prüfung aufgrund unseres Erinnerungsvermögens bestehen, kann uns dies nur recht sein.

ERINNERUNGSVERMÖGEN: TEST 1

Es folgen einige Erinnerungstests. Der erste ähnelt den einfachen Spielen, die man von Kindergeburtstagen kennt. Betrachten Sie die auf dieser Seite abgebildeten Büroartikel eine Minute lang. Versuchen Sie anschließend, möglichst viele der abgebildeten Gegenstände aus der Erinnerung aufzuschreiben.

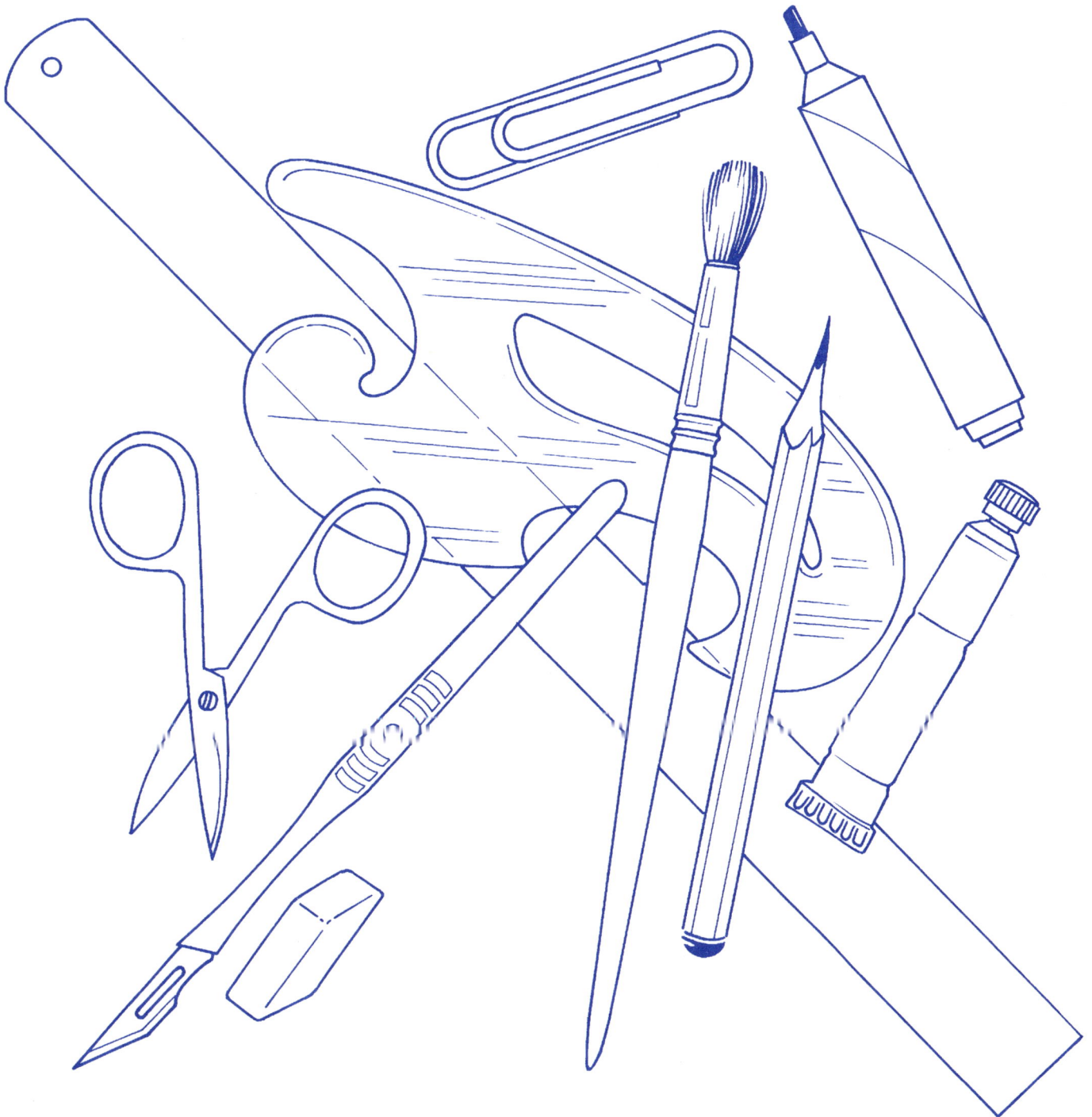

ERINNERUNGSVERMÖGEN: TEST 2

Der zweite Test ist weitaus schwieriger und zeigt, wie gut Ihr Erinnerungsvermögen wirklich ist. Betrachten Sie die Abbildung ein einhalb Minuten lang und schreiben Sie aus dem Gedächtnis auf, an welche Küchenutensilien Sie sich erinnern.

TECHNISCHES VERSTÄNDNIS

Da Maschinen nach strikt logischen Prinzipien funktionieren, erfordert es lediglich ein wenig Intelligenz, sie zu verstehen. Trotzdem gibt es viele hochintelligente Menschen, die es nicht zustandebringen, einen Autoreifen zu wechseln. Dieser Test soll zeigen, wie gut Sie technische Abläufe nachvollziehen können. Betrachten Sie die Zeichnungen und beantworten Sie die nebenstehenden Fragen.

TEST 1

Welches der Zahnräder führt in einer gegebenen Zeit die meisten Umdrehungen aus, wenn dieses Getriebe über Zahnrad A in Bewegung versetzt wird?

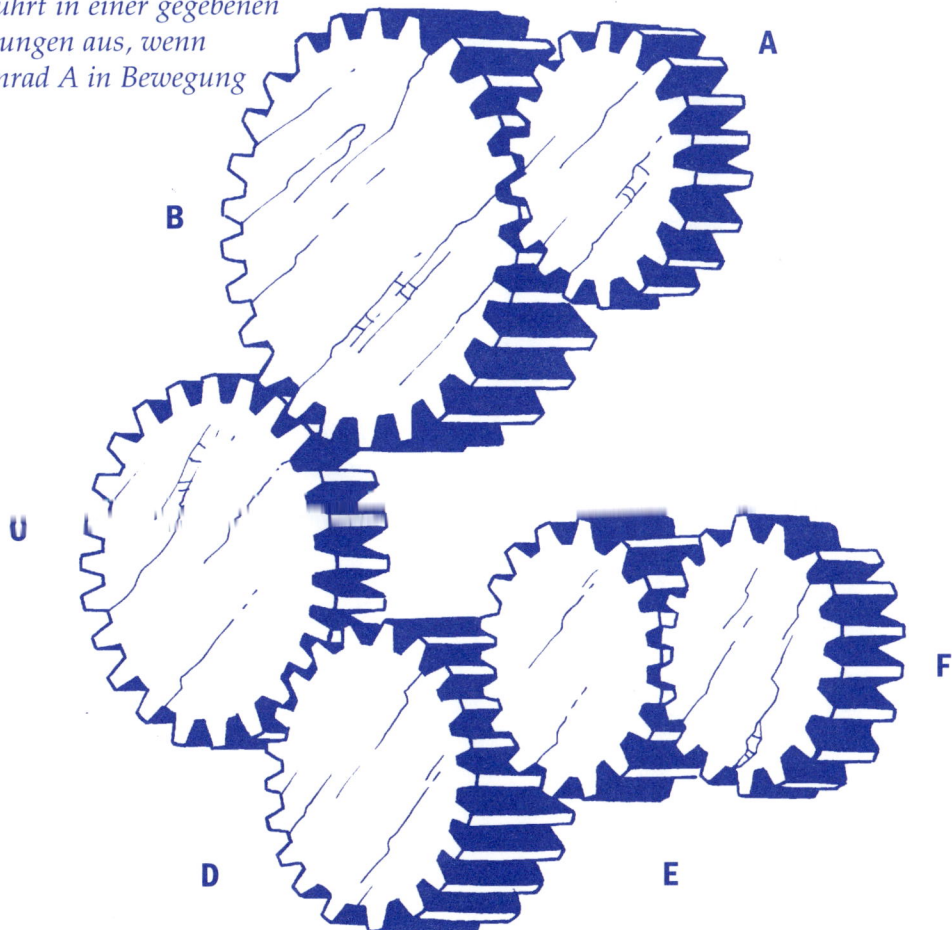

TEST 2

In welche Richtung dreht sich Zahnrad B,
wenn A sich in der eingezeichneten Richtung dreht?

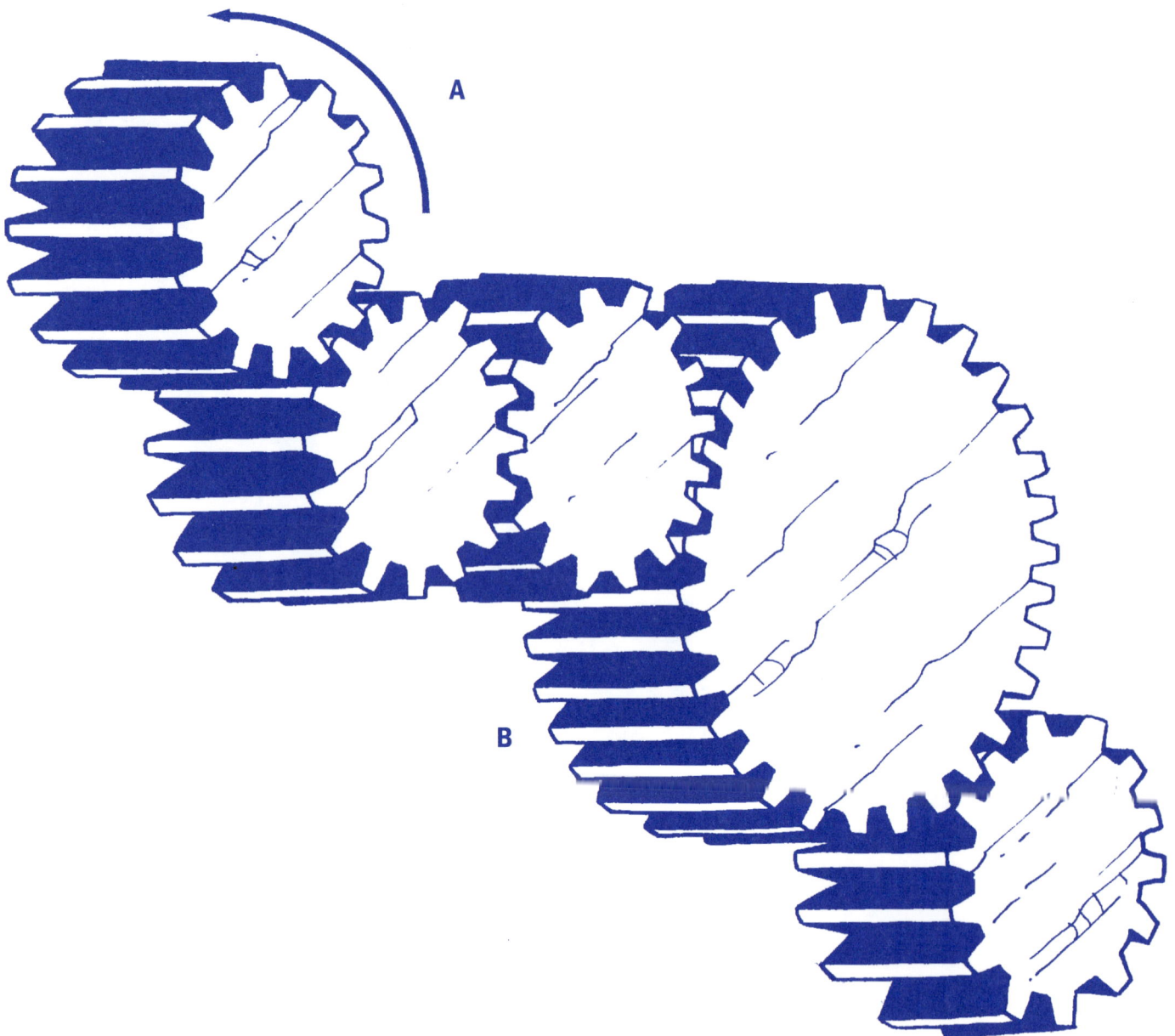

KONZENTRATIONSFÄHIGKEIT

Dieser Test soll zeigen, wie gut Sie komplexe Probleme lösen können. Versuchen Sie, in möglichst kurzer Zeit den Weg durch die abgebildete Labyrinthe zu finden, ohne den Finger oder einen Stift zur Hilfe zu nehmen. Stoppen Sie die Zeit, die Sie benötigen, um die Lösung zu finden.

TEST 1

TEST 2

A

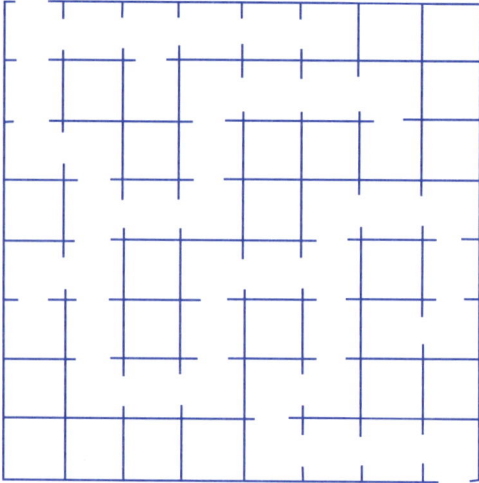

A

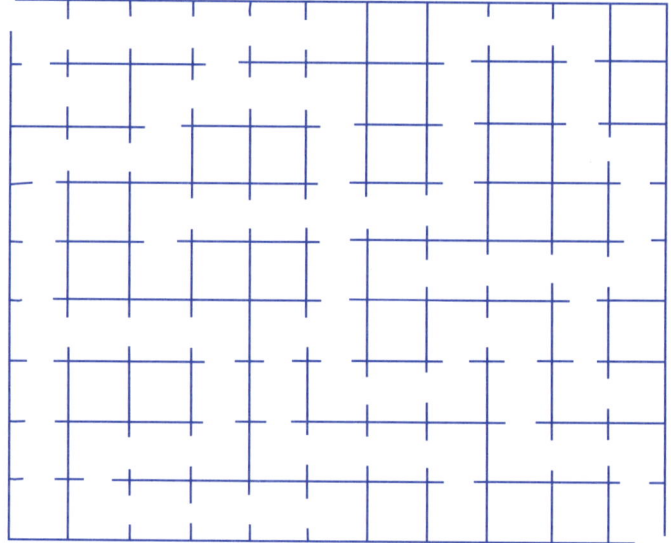

TEST 3

B

TEST 4

B

TEST 5

A

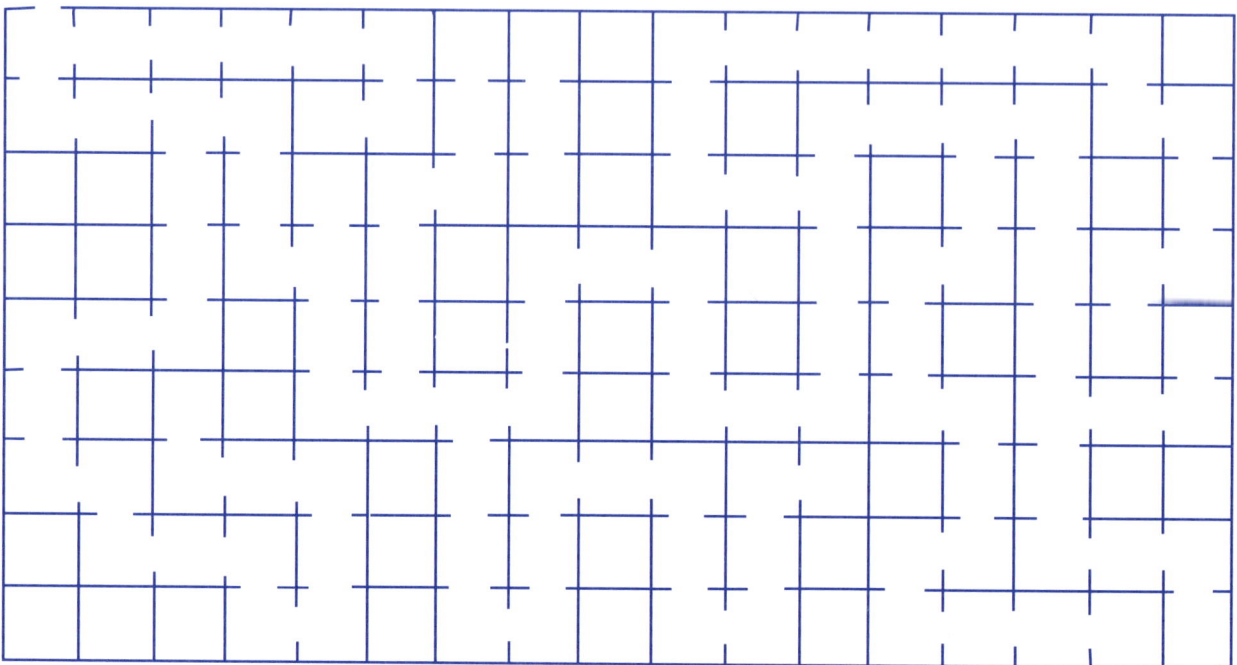

B

KONZENTRATION AUF DETAILS

Auch bei der Arbeit empfinden es viele Menschen als schwierig und langweilig, sich auf Details zu konzentrieren. Das führt häufig dazu, daß man eine Aufgabe im Wesentlichen erfüllt, letztlich jedoch wegen einiger Kleinigkeiten scheitert. Dieser Test soll Ihnen zeigen, wie sehr Sie sich auf Details konzentrieren können. Vielleicht empfinden Sie ihn als äußerst anstrengend. Trotzdem sollten Sie nicht so schnell aufgeben: Wenn Sie diesen Test bewältigen, gehören Sie vermutlich zu den Menschen, die von Mitarbeitern und Bekannten häufig für Ihren Durchblick in kritischen Situationen bewundert werden.

1   *Wieviele der Kugeln werden von drei der abgebildeten Rahmen eingeschlossen?*

2   *Wieviele Kugeln befinden sich innerhalb des Dreieckes, aber nicht innerhalb des Quadrats?*

3   *Wieviele Kugeln liegen innerhalb des Kreises und des Quadrats?*

4   *Wieviele Kugeln werden vom Quadrat und vom Rechteck umschlossen, ohne jedoch innerhalb des Kreises oder des Dreiecks zu liegen?*

5   *Wieviele Kugeln sind insgesamt abgebildet, wenn Sie die vom Kreis und vom Dreieck umschlossenen abziehen?*

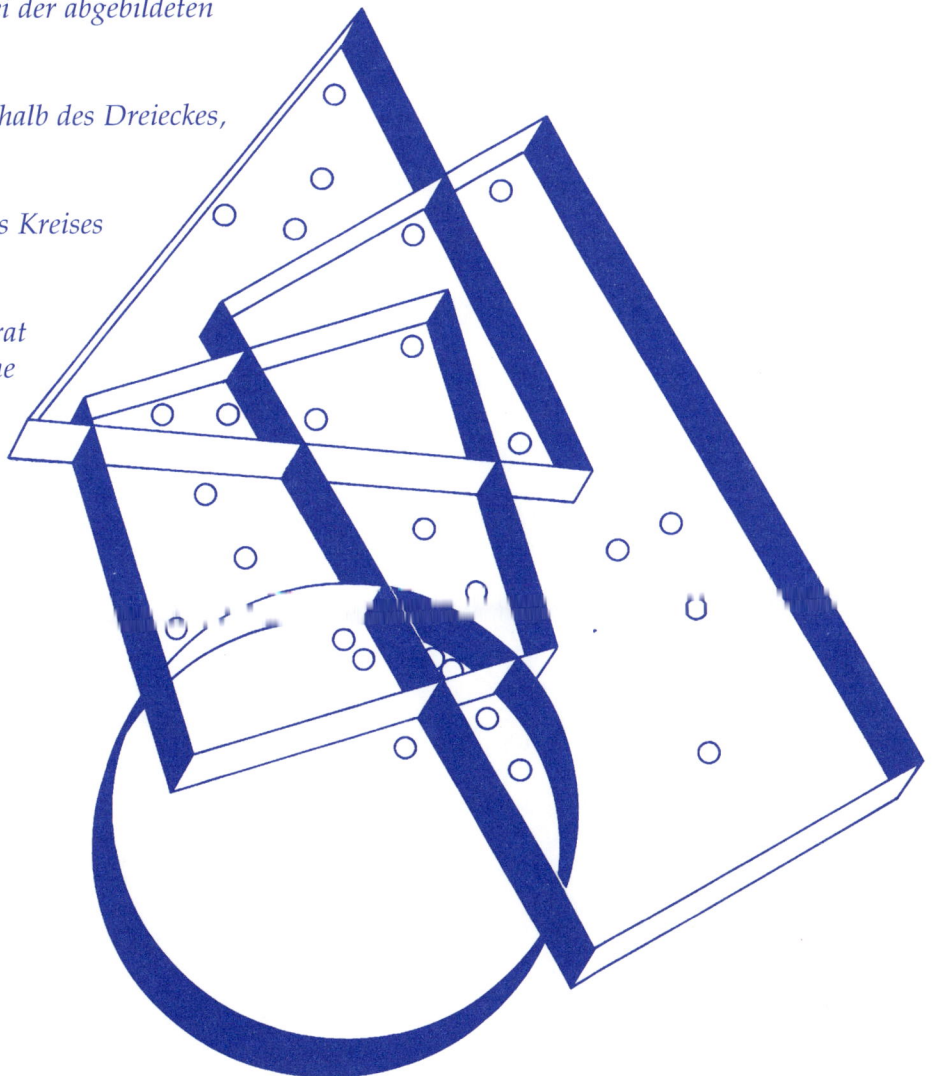

KONZENTRATION

Prüfen Sie Ihre Konzentrationsfähigkeit, indem Sie alle Buchstabenpaare unterstreichen, die im Alphabet direkt aufeinanderfolgen. Lösen Sie diese Aufgabe so schnell wie möglich und denken Sie daran, daß man schnell das eine oder andere Paar übersieht, wenn man zwischendurch den Blick abwendet.

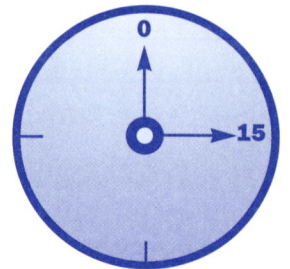

ZEITLIMIT: 15 MINUTEN

1. A G R T F G J Y O P Q B F G T Y Z D W A B G Y T I L M N E P K R D E W F R G T U V K L N T O
2. B D T H O P X Z D Q Y W S T J L W U S E I F H J P L W X T U D H E P Q A C Y O I S N X H Y Z
3. H R B S U A S O A D E Y U S O N X L M O P G W U Z B C G H U O P L M D J I C N O A P L S N I
4. S H I E O N F U V I K A M Q L P Z H D U I F O V M N D I O F M E I T O P C H D S U I S N C D
5. J R U D I F P V N I G L M T U I O N D G E B A C E G S Y T I O P F N M I J B F R O P T M A H
6. A N S D F P F L M T I P S N V T R S D I P M F G H J L N F H E O P W L M Z X Q W O X Q N F G
7. B D I E O F P M I H I O P O S U I O D B C H Z I M T H O P W M N A B S J E V I O P B M I W O
8. Q G S Y U E O I D P C N J F Y T L P U W B S X U O P B F U R O E W L M H Z G I W K N D N F K
9. U K L M O Q T U I E B I O S P K C N V H R U I P K M A C E F G R I O P Q S T W X Z Y I O S P
10. A J S O P W L M V U I G O P U V Y Z H I O P W M I N S V Y U R I O P A L M V R I O P L A M X
11. A J D O F T O P M C D G I O S H K L D W T E U O P L A H D J K E O P B C F H K R Z Q G T P N
12. P M S T U I P E L M S H F T Y I U O X J C B J K A I H I O A N O E F W Y Q P L M S J H C U I
13. C Y U O I O K S N C Y U O I T U O P W T U P B E D H J K T L D J K X C S D E H I O P Q L A K
14. Q R E O M D U F I T O N V F G M A I O S P X Y E R U I H F H J I I U Y Z Y Z J F I O E P E M

15 B D F T U W O P D K M V N I O P L A C H E U I P T B U S O X K C N U I D O I U H I O P R S F

16 J S I O W P L F M G B H R Y U W I O A O Z J B C H U I S T J K S U W O P S L N C B V Y I E K

17 E F Q J L E M S U P O T U Q H J W K L M A P A L M P W X A I J W M D J O Y U D B Q S E I O U

18 S W V D U T H G H F W P O L M V S Q U O E S J D X Z T R S T I G O M N G K L B V C A B I F K

19 E U T O D E U T C D F G S I O A P M D N E U I O P L S J Q E W V W T J G U I O H P L F G M N

20 R S W O P R L M F B U I O A K L C H E Y U O W I N V B I O W B Y R T S B X I O B C A D G E F

21 O P R S D E N D H T U I O P Q L M D U E I O P O S J V C Y U I E D J H J I J D E H F B R O P

22 E O P W L M D B F U T I O A W P S Y Z W K L O D P F G R I O K B J H E F H I P Q S T I U F O

23 E O P W L M F H T U S V X B D E Q L S M I O T P L H I O V W A H S J X U R I O P K M F J D I

24 P Q O E K F M G H U I I H O P R S J I O P L M N G Y U I O V S Y T U I O P N O K M N S I W O

25 E I O D P F M G J T I O P V B C H W U I R O P E F A B S W O Q P L M F T I R E O J B H E I S

26 W D J G F N H T I O P O P A J C B H F U H I O Q S J H F Y U I B O M F N O S T W F C N V J U

27 Q I E O P E K F M N V D E H S I O P D L N C H U E I O P W P F H U I J Q P W O I R J F N H F

28 O I O W P L M S B C H Y R U I O E F S R S T G K H I J S Q V W G D H U R I O P L A M X Y H I

29 Q I W O P O E L K F N Q O W P O L F M T H S T W I O P F K L Q W C N T U R O P Q S J E F I T

30 L U W I O D P Q X Y D I V O N K F H B V J K A O M X R G F O P T L H U Y I N X O U G A K F U

31 E U I W O R I J V N O W L D O R P H N Y Z Q R S I E O P G M H K Y L V E I D U V S T J E N F

32 W I E O P L M D E I G H T J I O P S K D B G F R H T U S T W J F K I B O P W X A C E G T K J

33 E I R H I H L M H T Y U I S J D B F V E Q R E F T U I H O P L S M C E U F I O R J K A N D M

34 Q U W I O E P K F N G B T U C J O F O B K J K W X S F J H I O N P K L N B N U I T O P X A M

35 V I E O R T P H K M N D B G J R U O I E P W P L K A S H E U F R O T P M H B V C D J E U O W

36 W U R H F B F V E M D K O P S L M D B V G F H R U E I O I P W S A B S W O F P L J B H G Y O

37 T U O G P N J Q O P S L E M N F B T H U R I O G P O B M J S K J D H U V I J W O E P Q B C D

38 YPWIRJBVMFGIJEFNVCMSLWOPEJTHGIJSEHFBROPLSJEUFI

39 SGEYURITPMVDHCJLEKUIGQGSHWUEOPNVFEFACSTUGIOEFS

40 QUEIWOPFHJBKLFEKTLHMNGRUEIOQLSGEUTOFJNVWAHSJEF

41 LIWJMRVFJIYPTLJHVUIPOABWHDFGHKENBIJEOPFLJDUIJB

42 FEIFOPMVCDEIOHJKYLTMYZACAGABSJHFUIROLJHUFGWIOD

43 CDHFJRKLYOPXEFHJKBNRSAJDJKEIROPTLMGBVJIFKODOFU

44 WIROGPKMNJIOFGEJXCDHFURIOGHKOIWPEOUVNFKDOIMNYT

KOMMENTARE

LEBENSPLANUNG

Ich möchte noch einmal darauf hinweisen, daß es in dieser Rubrik keine richtigen oder falschen Antworten gibt. Wenn Sie die Fragen und Ihre Anworten jedoch genauer durchlesen, werden Sie einige Einblicke in Ihre berufliche Situation und Ihre zukünftigen Pläne gewinnen. Falls Sie zu der Einsicht gelangen, daß Sie sich in Ihrem Beruf so wohlfühlen wie ein Fisch an Land, ist es vermutlich an der Zeit, sich nach einem neuen Betätigungsfeld umzusehen. Wenn Sie es ermüdend finden, jeden Tag acht Stunden im Büro zu sitzen, stellt sich die Frage, ob Sie es nicht bevorzugen würden, sich Ihre Arbeit selbst einzuteilen. Würden Sie lieber als kreativer Vorreiter gelten, statt gleichberechtigtes Mitglied eines Teams zu sein? Geht es Ihnen in erster Linie ums Geld und weniger darum, welche Tätigkeit Sie eigentlich ausüben? Der Lebensplaner soll Ihnen helfen, Ihre gegenwärtige berufliche Situation zu ergründen und die richtigen Entscheidungen für die Zukunft zu fällen. Dabei spielt es keine Rolle, ob Sie entsprechend handeln es geht in erster Linie darum, Ihre beruflichen Wünsche und Erwartungen zu konkretisieren.

KARRIERE ODER BERUFUNG?

Zur Bewertung der Tests: Die Tests sind in mehrere Kategorien unterteilt. Jede Antwort wird durch eine negative oder positive Zahl repräsentiert. Sie erhalten einen Punkt, wenn auf eine positive Frage mit ja oder auf eine negative mit nein geantwortet haben. In jeder Kategorie können Sie also maximal zehn Punkte erhalten.

BEWERTUNG:

1. **KREATIVE/KÜNSTLERISCHE BEFÄHIGUNG**
   5+ 16+ 27+ 34− 42+ 52+ 59− 63+ 81+ 87−

2. **PRAKTISCH/TECHNISCHES DENKEN**
   2+ 4+ 20+ 35+ 54+ 56+ 84+ 90+ 100+ 105+

3. **WISSENSCHAFTLICHKEIT**
   8+ 18+ 46+ 51+ 61+ 70+ 77+ 106+ 113+ 119+

4. **ADMINISTRATIVE BEGABUNG**
   3+ 14− 39+ 72+ 79+ 96+ 108+ 114− 116+ 118−

5. **HILFSBEREITSCHAFT**
   9+ 28+ 41+ 48− 74− 91+ 98+ 101− 103+ 107−

6. **LOGIK**
   1+ 12+ 21+ 30− 33+ 68− 78+ 92+ 102+ 112−

7. **ANPASSUNGSFÄHIGKEIT**
   15+ 26+ 47+ 62+ 64+ 97+ 99+ 104+ 109+ 117+

8. **ABENTEUERLUST**
   10− 22− 36+ 50+ 65+ 75+ 76+ 82+ 86+ 111+

9. **SICHERHEITSDENKEN**
   6+ 17+ 32− 43− 57+ 71+ 89− 93+ 110− 116−

10. **ABWECHSLUNGSBEDÜRFTIGKEIT**
    23+ 25+ 37+ 45+ 55+ 60− 69+ 88− 95− 120+

11. **KONTAKTFREUDIGKEIT**
    13− 31− 38− 40+ 49+ 66− 80+ 83− 85+ 94+

12. **FÜHRUNGSDRANG**
    7− 11+ 19− 24+ 29+ 44+ 53+ 58+ 67− 73+

Nach der Auswertung sehen Sie, wie Sie in welchen Kategorien abschneiden und wie sich dies auf Ihr Berufsleben auswirkt. Sollten Sie beispielsweise herausfinden, daß Sie eine hohe Punktzahl in den Kategorien kreative/künstlerische Befähigung, Hilfsbereitschaft und Abenteuerlust erzielen, wird Sie eine Beschäftigung als Kassierer in einer Bank sicher nicht auf Dauer zufriedenstellen. Schneiden Sie andererseits in den Kategorien praktisch/technisches Denken und Logik gut ab, sind Sie in einem Ingenieurberuf gut aufgehoben.

EIGNUNGSTEST A – MATHEMATISCHE FÄHIGKEITEN

Es gibt sicher keinen Bereich des Lebens, in dem mathematische Grundkenntnisse nicht von Vorteil sind. Selbst wenn Sie nicht im Bankgewerbe arbeiten wollen, kann ein gewisses Interesse für die Mathematik nur von Nutzen sein. Oft hört man von Firmenchefs, daß ihre Angestellten bereits an einfachen mathematischen Aufgaben scheitern. In der Tat scheinen viele Menschen unter einer geradezu pathologischen Angst vor Zahlen zu leiden. Wenn Sie bei den Tests schlecht abgeschnitten haben, sollten Sie sich das durchaus zu Herzen nehmen. Es gibt viele gute Lehrbücher, mit denen Sie Ihre Grundkenntnisse der Mathematik festigen und erweitern können. Wenn Sie sich einmal dazu überwunden haben, werden Sie erstaunt zur Kenntnis nehmen, wie leicht Sie Ihre Leistungen auf diesem Gebiet steigern können.

BEWERTUNG

45 – 49	ausgezeichnet
40 – 45	gut
30 – 40	durchschnittlich
UNTER 30	schwach

LÖSUNG:

1: 17 · **2:** 9 · **3:** 276 · **4:** 60 · **5:** A = 5, B = 2 · **6:** 20 · **7:** 18 · **8:** 56 · **9:** 24 · **10:** 86 · **11:** 256 · **12:** 112 · **13:** 30 · **14:** 17 · **15:** 240 · **16:** 5 · **17:** 4 · **18:** 94 · **19:** P = 9, Q = 6 · **20:** 5 Kassetten, 72 Minuten · **21:** 2 Stunden 36 Minuten · **22:** 19:15 Uhr · **23:** 45 · **24:** 147 · **25:** 3 · **26:** 2, **27:** 25 · **28:** 144 · **29:** 261 · **30:** A = 4, B = 7 · **31:** 7.2 · **32:** 266 · **33:** 62,5 · **34:** 16 · **35:** 28 · **36:** 9, **37:** 5 · **38:** 49 · **39:** 83 · **40:** 3500 · **41:** 1053 · **42:** 36 · **43:** 83 · **44:** Y = 2, Z = 3 · **45:** K · **46:** 490 Stunden · **47:** 114 · **48:** 23 · **49:** 3

EIGNUNGSTEST B – VERBALE FÄHIGKEITEN

Dieser Test ist keineswegs leicht mehr als 40 richtige Antworten können eigentlich nur von Menschen erzielt werden, die gerne Kreuzworträtsel lösen oder ihren Wortschatz auf andere Weise gezielt erweitern. Mit einem sehr guten Wortschatz sollte man etwa 30 Antworten kennen, während ein Ergebnis von 20 immer noch recht ordentlich ist. Wenn Sie weniger als 13 der Worte kennen, sollten Sie dringend an der Aufbesserung Ihres Wortschatzes arbeiten, da viele der abgefragten Ausdrücke recht geläufig sind. Andererseits ist es durchaus denkbar, daß Ihre Stärken einfach nicht in diesem Bereich liegen.

LÖSUNG:

1: b · **2:** c · **3:** a · **4:** b · **5:** a · **6:** a · **7:** b · **8:** a · **9:** c · **10:** a · **11:** b · **12:** c · **13:** c · **14:** b · **15:** a · **16:** a · **17:** b · **18:** a · **19:** c · **20:** a · **21:** b · **22:** a · **23:** c · **24:** b · **25:** a · **26:** b · **27:** a · **28:** a · **29:** c · **30:** b · **31:** a · **32:** b · **33:** b · **34:** c · **35:** a · **36:** a · **37:** c · **38:** b · **39:** a · **40:** a · **41:** a · **42:** b · **43:** c · **44:** b · **45:** a · **46:** a · **47:** c · **48:** c · **49:** b · **50:** b

ERINNERUNGSVERMÖGEN

Ein gutes Gedächtnis ist eigentlich in jedem Beruf recht nützlich. Es ist eigentlich nicht schlimm, wenn Sie diesbezüglich schlecht abschneiden, da sich das Gedächtnis recht einfach trainieren läßt. Neben einfachen Übungen zur Stärkung des Erinnerungsvermögens gibt es auch besondere Techniken, mit denen Sie Ihre Leistungen weit über das Normalmaß hinaus steigern können. Der Buchhandel bietet zahlreiche Titel zu diesem Thema an.

BEWERTUNG

Test 1

10	ausgezeichnet
8 – 9	sehr gut
UNTER 7	schlecht

Test 2

15	ausgezeichnet
10 – 14	sehr gut
5 – 9	nicht schlecht
UNTER 5	schlecht

TECHNISCHES VERSTÄNDNIS

Mit ein wenig Geduld sollte eigentlich jeder in der Lage sein, diese Fragen zu lösen. Sollten Sie es jedoch nicht schaffen, können Sie sich damit trösten, daß es vielen Menschen nicht anders geht. Der Beruf eines Kfz-Schlossers bleibt Ihnen somit verwehrt.

TEST 1: A

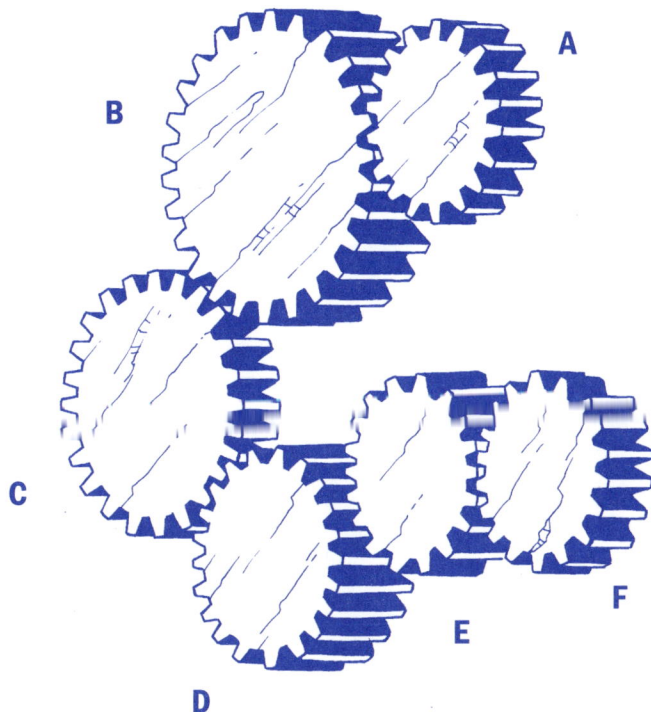

TEST 2: im Uhrzeigersinn

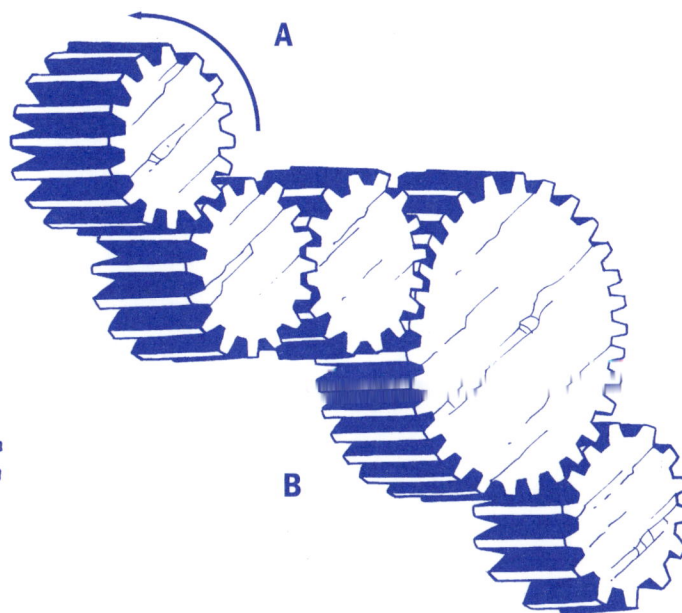

KONZENTRATIONSFÄHIGKEIT

Diese Aufgaben sollte jeder in wenigen Minuten lösen können. Allerdings sind
die Labyrinthe nicht ganz so einfach, wie es auf den ersten Blick scheint. Außerdem
lassen sich solche Tests kaum bewerten, da außer Ihnen selbst niemand weiß, ob
Sie bei der Lösung geschummelt haben.

A   **TEST 1:**

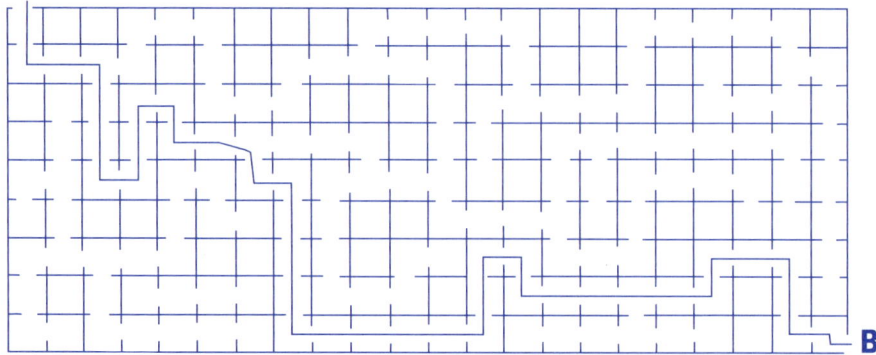

B

A   **TEST 3:**

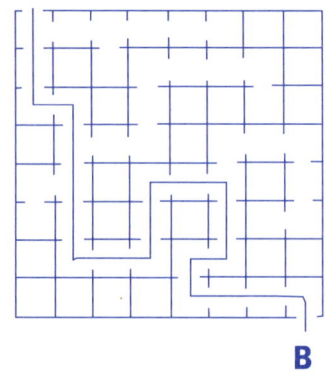

B

TEST 2:

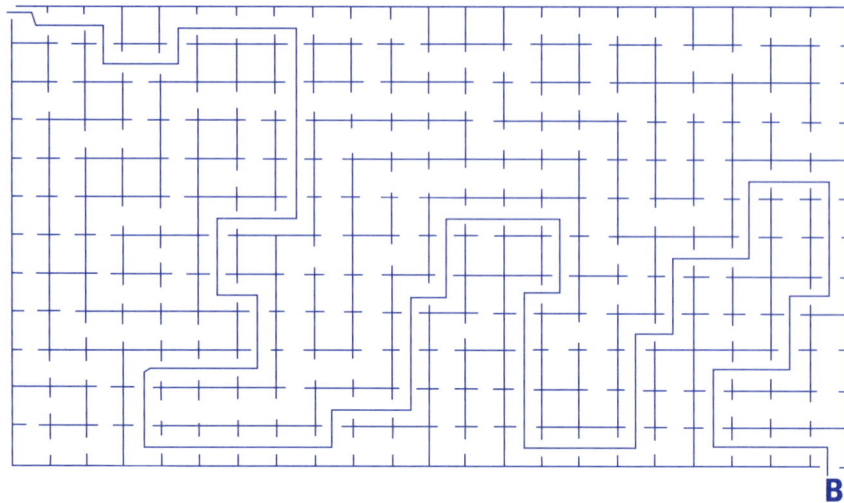

A

B

TEST 4:

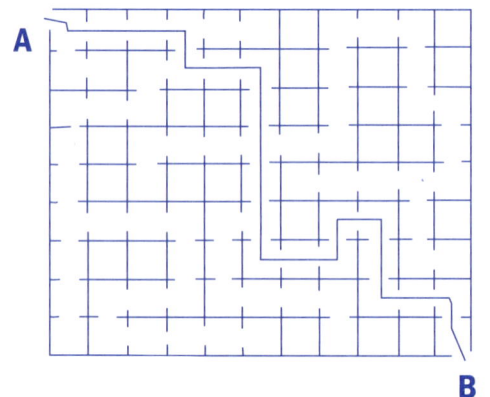

A

B

A   **TEST 5:**

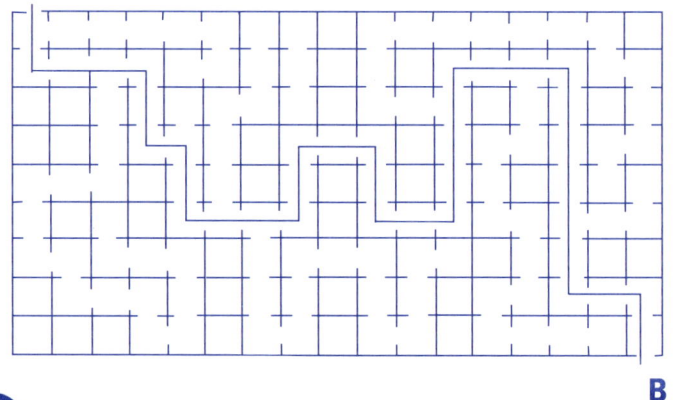

B

KONZENTRATION AUF DETAILS

Da es bei dieser Aufgabe kein Zeitlimit gibt, ist es eigentlich nur eine Frage der Ausdauer, bis man die richtige Lösung findet. Allerdings gibt es durchaus Menschen, die sich einfach nicht auf solche Problemstellungen konzentrieren können. Fünf richtige Antworten sind ein ausgezeichnetes Ergebnis, drei oder vier immer noch recht beachtlich. Wenn Sie weniger als drei der Fragen richtig beantwortet haben, gehören Sie wahrscheinlich eher zu den Menschen, die sich mit detailreichen, komplexen Aufgaben gar nicht erst befassen wollen.

LÖSUNG:

1: 4
2: 6
3: 4
4: 10
5: 10.

KONZENTRATION

Diese Aufgabe sieht zunächst recht einfach aus, erweist sich jedoch bei der Lösung als ziemlich ermüdend, was schnell zu Flüchtigkeitsfehlern führt. Wenn Sie wirklich alle 302 Buchstabenpaare finden, gehören Sie zu den Ausnahmeerscheinungen, die über ein hervorragendes Konzentrationsvermögen verfügen. Leider gibt es im alltäglichen Leben durchaus Aufgaben, die sich nur durch vollständig richtige Lösung eines derartigen Problems bewältigen lassen ein einziger Fehler kann eine Katastrophe nach sich ziehen. Sicher würden Sie Ihr Leben nur ungern einem Fluglotsen anvertrauen, der sich nicht richtig auf seine Aufgabe konzentrieren kann. Ich halte es deshalb für wenig sinnvoll, nicht perfekte Leistungen überhaupt zu bewerten. Statt dessen möchte ich Ihnen eine Aufgabe präsentieren, die Ihnen hilft, Ihre Konzentrationsfähigkeit zu verbessern. Dazu benötigen Sie einen Gegenstand, der möglichst viele Details aufweist und Ihr Interesse weckt beispielsweise ein Modellauto. Entspannen Sie sich und betrachten Sie den Gegenstand in all seinen Details. Nach einigen Minuten sollten Sie Ihre Augen schließen und versuchen, den Gegenstand zu visualisieren. Zu Beginn wird das geistige Bild bereits nach wenigen Sekunden verschwinden, aber mit einiger Übung sollte es Ihnen gelingen, das Bild fast beliebig lange in seiner gesamten Detailvielfalt aufrecht zu erhalten. Wenn Sie dieses Stadium erreicht haben, sollten Sie versuchen, Ihre neugewonnene Begabung praktisch zu nutzen beispielsweise bei der Lösung von Puzzles mit mehr als 1000 Teilen

LÖSUNG:
Insgesamt kommen
302 Paare an folgenden
Positionen vor:

1: 1	**16:** 6	**31:** 5
2: 11	**17:** 4	**32:** 8
3: 6	**18:** 5	**33:** 9
4: 8	**19:** 7	**34:** 7
5: 5	**20:** 7	**35:** 6
6: 6	**21:** 6	**36:** 2
7: 7	**22:** 11	**37:** 3
8: 8	**23:** 9	**38:** 8
9: 2	**24:** 7	**39:** 6
10: 9	**25:** 11	**40:** 5
11: 10	**26:** 6	**41:** 5
12: 7	**27:** 5	**42:** 6
13: 8	**28:** 5	**43:** 7
14: 9	**29:** 11	**44:** 9
15: 5	**30:** 8	**45:** 6

WIE
KREATIV
SIND SIE?

Kreativität ist ein verwirrender Aspekt der menschlichen Psyche, der bislang von der Psychologie nur unzureichend erklärt werden kann. Einige Wissenschaftler vermuten, daß Kreativität und Intelligenz eng miteinander verbunden sind. Andererseits gibt es jedoch viele Menschen mit großem Kreativpotential, deren Intelligenz weit unter dem Durchschnitt liegt. Trotzdem kann man davon ausgehen, daß künstlerische Inspirationen erst entstehen, wenn man sich mit einer Angelegenheit geistig befaßt hat. Wenn Sie sich mit den folgenden Aufgaben lange genug beschäftigen, werden Sie selbst erleben, wie sich kreative Lösungsansätze bilden.

VISUELLES EMPFINDEN

Ästhetisches Empfindungsvermögen ist mit großer Wahrscheinlichkeit keine Frage der Intelligenz. Dieser Test konzentriert sich nicht auf Ihr künstlerisches Potential, sondern auf Ihre Fähigkeit, künstlerische Aspekte zu begreifen. Beispielsweise hängt Ihre Beurteilung eines Bildes davon ab, ob Sie die Regeln der Perspektive verstehen. Die nebenstehende Zeichnung enthält acht perspektivische Fehler. Lassen Sie sich bei der Lösung beliebig viel Zeit.

WIE KREATIV SIND SIE?

Betrachten Sie die unten und auf der nächsten Seite abgebildeten Drudel und lassen Sie sich zu jedem möglichst viele Interpretationen einfallen. Es ist nicht schwer, sich zu jedem Bild eine kleine Geschichte auszudenken. Aber wenn man die Grenzen des Gewöhnlichen durchbrechen und wirklich originelle Lösungen finden will, erfordert dies doch einige geistige Anstrengung.

1

2

3

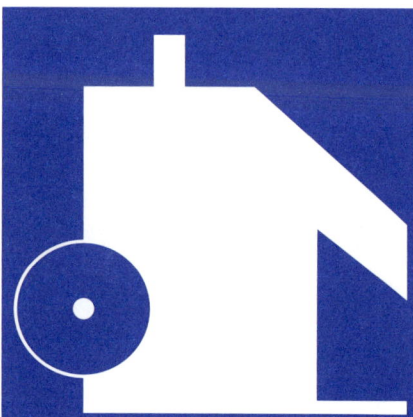

4

5

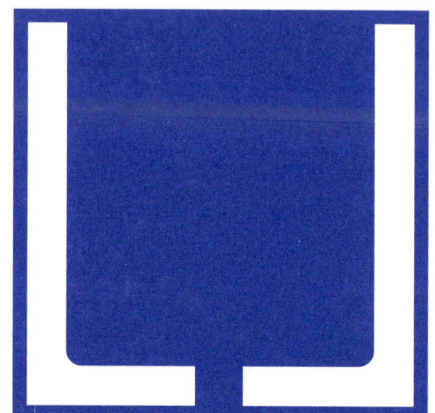

6

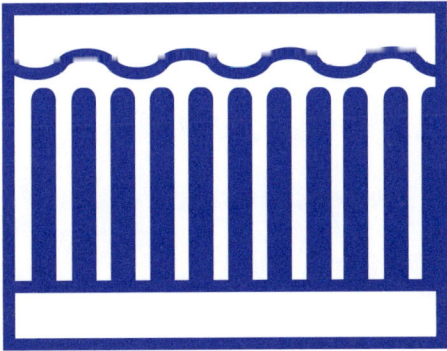

7

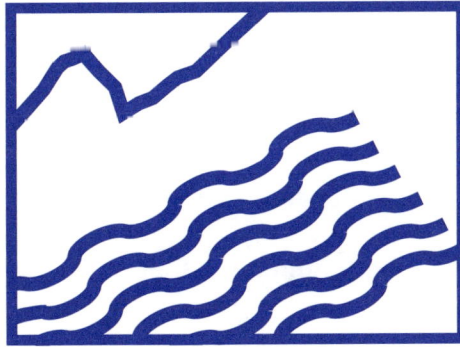

8

9

10

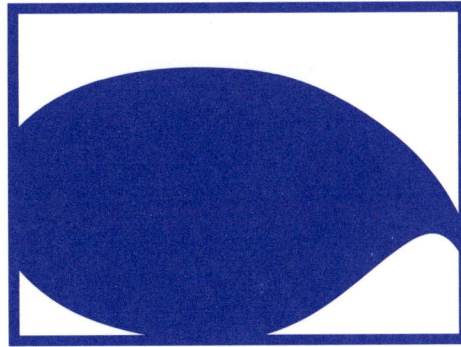

11

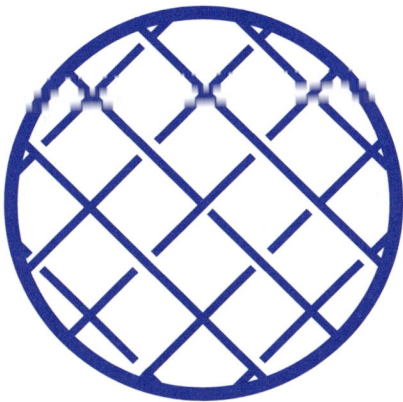

12

13

14

VERBALE KREATIVITÄT

Bilden Sie korrekte Sätze, in denen möglichst viele der jeweils in einer Zeile abgedruckten Worte vorkommen. Erlaubt sind nur Kommas, aber keine Punkte oder Doppelpunkte.

A) EINFACH

ZEITLIMIT:
MAXIMAL 10 MINUTEN FÜR ALLE 6 AUFGABEN.

1 langsam das schlich Nacht der Katze die Unterholz in durch

2 gab Leute ein durchnäßt die es plötzlich und waren alle Gewitter

3 ohrenbetäubend Computer der lauten einem unerwartet explodierte mit Knall neue

4 sofort einer das angekündigten Gebäude Bombendrohung wurde telefonisch nach geräumt

5 das Wände über die Flugzeug flog Haus zitterten ein das als

6 bissig ersten nicht erwartet waren Kritiken so die wie doch

B) ETWAS SCHWERER

ZEITLIMIT:
MAXIMAL 20 MINUTEN FÜR ALLE 6 AUFGABEN.

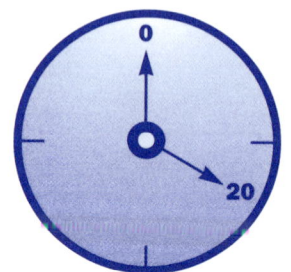

1 am standen schwelenden noch worden Feuer starrten schon die Morgen war Menschen dort und gelöscht auf die obwohl das Trümmer

2 darauf Himmel schreckliches dunkler das herein der Gewitter war voller der Wolken Nacht brach und in folgenden ein über Dorf

3 beiden über Dauerkarte waren schon seit ihrer hatten ernsthaft Schulzeit die einer Anschaffung absolute kostspieligen Fußballfans und lange die nachgedacht

4 auf das Erster anschließend Buffet und bis oft Party sich fiel jeder er Umfallen kalte über als her betrank zum

5 allen Mallorca Trab Krankenhaus eingebildeten war er Urlaubs einzige der des der während von auf ein ganzes Kranken auf hielt

6 sie bauten Motorrädern haarsträubendsten Steinbruch durch rasten Irren abends wie die Unfälle auf ihren alten frisierten den und dabei die

C) SCHWER

ZEITLIMIT:
MAXIMAL 50 MINUTEN FÜR ALLE 6 AUFGABEN.

1 Würstchenbude erzählen Jahren zog anderes hatte unsinnige Stadt sie mir kann nicht hier daß und auf sie vor drei etwas erwartet als in unsere die Idee kam eine sie aufzumachen.

2 Hilfsorganisationen passiert in schneller die eingesetzt dieser Gegend eine nur Flugzeuge anderweitig derzeit Katastrophe können die hoffen daß über eine ausreichende Anzahl Hubschrauber und verfügen die nicht wenn Eingeborenen werden

3 forderte ihre war schlechtes eine bekamen doch Staatsbürgerschaft Partei Satzung die Party Gewissen aber nach dem doppelten Abschluß einzige gesamte sie ein und traten einer Studienzeit bei deren Einführung der

4 leidende geändert ständig natürlich Anzahl Lage unter vor der Erteilung der einer Baugenehmigung exakte Firmenchef Konstruktionsunterlagen ständig die bemängelte jedoch wurden weil der Profilneurose die genaue und der Steckdosen existierten

5 Plan wenn Schutt Baudenkmäler bekannte gelegt worden Wahrscheinlichkeit Bürgermeister gerufen nicht die Aufständlern Polizei auf den hätte wäre die für ihre Altstadt mit großer der von den in und Asche

6 es fliegt ausgiebig daß italienischen mindestens Karibik Jahr eine sonnige dreimal die arbeitslose nagelneuen Urlaub einen machen ist dort eigentlich nicht vorstellbar Sekretärin Sportwagen fährt und im in um zu

GESCHICHTEN ERZÄHLEN

Jeder der folgenden Abschnitte enthält sechs kurze Handlungssegmente, aus denen Sie das Handlungsgerüst einer durchgehenden Geschichte konstruieren sollen. Die Reihenfolge der Segmente ist beliebig.

ZEITLIMIT:
MAXIMAL 15 MINUTEN FÜR JEDEN ABSCHNITT.

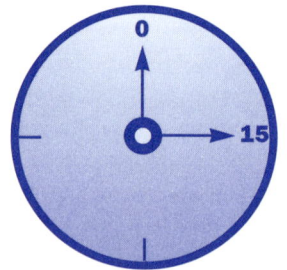

EINFACH

1 Sie betreten eines Morgens Ihren Garten und entdecken an einer bestimmten Stelle des Rasens eine große Pfütze.

2 Im Büro werden Sie angepfiffen, weil Sie angeblich für eine bestimmte Tätigkeit zu lange brauchen und sich außerdem nicht an die Instruktionen halten.

3 Sie erhalten einen Anruf von einem Bekannten, der in einer ländlichen Gegend wohnt. Er sagt ein Treffen ab, auf das Sie sich schon seit Monaten gefreut haben.

4 Am Abend müssen Sie einige kleine Leichen wegschaffen.

5 Als Sie das Büro betreten, starrt man Sie ungläubig an.

6 Ein Freund kommt mit einem Stapel Papierhandtüchern vorbei und läuft direkt in Ihre Küche.

ETWAS SCHWERER

1 Die Polizei trifft ein und fordert Sie auf, eine Liste Ihrer Wertsachen anzufertigen. Erst nach Stunden rücken die Beamten ab.

2 Sie müssen unerwartet einen langen Fußmarsch antreten, um nach Hause zu kommen. Dadurch verlieren Sie viel Geld.

3 Als Sie in Ihrer Wohnung eintreffen, sitzen im Wohnzimmer einige Menschen, die Ihnen irgendwie bekannt vorkommen.

4 Sie verbringen einen stressigen aber schmerzfreien Abend in der Notaufnahme eines Krankenhauses.

5 Sie checken in einem Motel ein, obwohl Sie es sich eigentlich finanziell nicht leisten können.

6 Als Sie in Ihrer Wohnung eintreffen, brechen Sie zusammen. Sie wissen nicht, ob Sie weinen oder lachen sollen.

ZIEMLICH SCHWIERIG

1 Auf der Straße begegnen Sie einem weinenden Mädchen.

2 Sie haben einen höllischen Kater, obwohl Sie gestern keinen Alkohol zu sich genommen haben.

3 Ein Anruf verändert Ihre gesamten Lebensumstände. Sie sind zutiefst erschüttert.

4 Als Sie die Bibliothek verlassen, sind Sie total frustriert.

5 Sie nehmen vorsichtshalber nicht den Zug, für den Sie das Ticket gekauft haben.

6 Sie verbringen mehrere Stunden im Büro des Geschäftsführers eines Supermarktes, der sehr weit von Ihrem Heimatort entfernt ist.

IMPROVISATION

Versuchen Sie, die folgenden Probleme durch geschickte Nutzung der Ihnen zur Verfügung stehenden Gegenstände zu lösen.

ZEITLIMIT: 5 MINUTEN PRO AUFGABE.

1 Man hat Sie in einem fensterlosen Raum eingesperrt. Der Schlüssel steckt im Schloß der Tür allerdings auf der anderen Seite. Das einzige, was sich außer Ihnen in dem Raum befindet, sind eine Haarnadel, ein leeres Marmeladenglas und eine Zeitung. Wie können Sie sich befreien, ohne die Tür zu beschädigen?

2 Sie kommen mit Ihrem Wagen von der Straße ab und schießen ein Stück durch die Luft, bevor Sie auf einer kleinen Insel in der Mitte eines Sees landen. Der Wagen steckt fest, Sie können nicht schwimmen und es ist niemand in der Nähe, der Ihnen helfen könnte. Wie können Sie sich retten?

3 Ihr Schiff ist untergegangen und Sie konnten sich mit knapper Not auf eine kahle Wüsteninsel retten. Die Sonne strahlt erbarmungslos aus einem wolkenfreien Himmel und Sie haben großen Durst. Nach einiger Suche finden Sie in einem ausgehöhlten Baumstumpf einen Tennisschläger, ein Buch, eine Pfanne, zwei leere Weinflaschen, einen Fahrradschlauch, eine Taschenuhr und einen Fußball, der sämtliche Luft verloren hat. Wie können Sie Ihren Durst stillen?

4 Sie unternehmen einen Ausflug zu einem kleinen, nicht sehr tiefen See. Sie bekommen Appetit auf Fisch, haben jedoch Ihr Angelzeug vergessen. Statt dessen haben Sie nur eine volle Plastikflasche Cola, einen Laib Brot, ein Brotmesser und eine Campingdecke dabei. Wie kommen Sie an die Fische heran?

ORIGAMI

Die japanische Kunst des Papierfaltens fördert auf ausgezeichnete Weise Ihre kreativen Fertigkeiten. Sie benötigen nur einige Blätter festes Schreibpapier – Hilfsmittel wie Schere, Klebstoff oder Büroklammern sind nicht gestattet! Fertigen Sie die abgebildeten Gegenstände: an eine Schachtel, einen Hut und einen Pinguin. Sehen Sie die Abbildungen dabei nicht als zwingend an, sondern nur als grobe Vorlage.

ZEITLIMIT: MAXIMAL 20 MINUTEN.

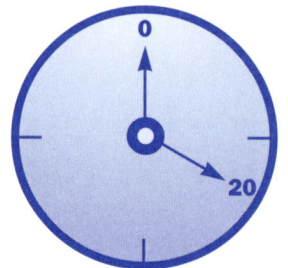

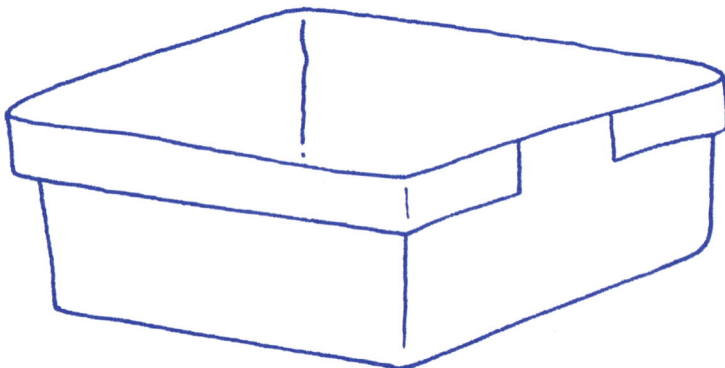

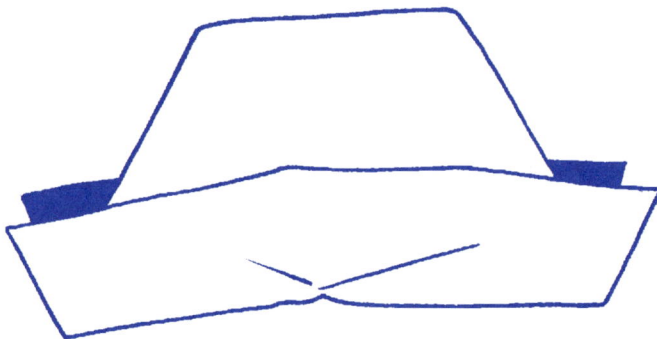

LATERALES DENKEN

Lassen Sie sich möglichst viele Verwendungen für die im folgenden genannten Gegenstände einfallen:

ZEITLIMIT:
5 MINUTEN PRO GEGENSTAND.

EIN HARTGEKOCHTES EI _____

_____

_____

EINE BÜROKLAMMER _____

_____

_____

EIN SCHLÜSSEL _____

_____

_____

EINE ZEITUNG _____

_____

_____

EINE ROLLE ALUMINIUMFOLIE _____

_____

_____

EINE LEERE GLASFLASCHE _____

_____

_____

EIN PAPIERKORB _____

_____

_____

EIN BALLON _____

_____

_____

EIN HOLZPADDEL _____

_____

_____

EIN BLATT _____

_____

_____

EIN LIPPENSTIFT _____

_____

_____

EIN DRAHTKLEIDERBÜGEL _____

_____

_____

TANGRAM

Wenn Sie das chinesische Spiel Tangram kennen, sollte Ihnen diese Übung nicht schwerfallen. Aber Vorsicht: Ich habe das Spiel etwas variiert. Schneiden Sie die 15 abgebildeten Formen aus und legen Sie daraus folgende Figuren zusammen: eine Katze, ein Boot, ein Mann mit Hut, ein Hund. Für jede der Figuren müssen mindestens 13 der Formen verwendet werden.

ZEITLIMIT: 15 MINUTEN.

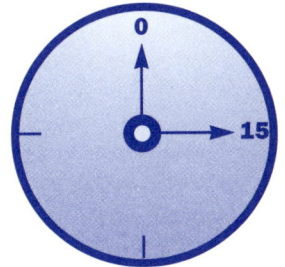

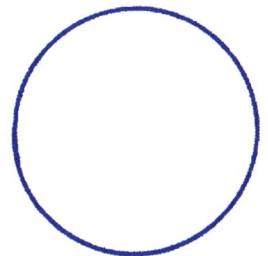

RÄUMLICHES VORSTELLUNGSVERMÖGEN

Gegenstände räumlich zu visualisieren ist eine der Funktionen unseres Verstandes, die kein besonders hohes Maß an Intelligenz voraussetzt. Dementsprechend werden manche Menschen an den folgenden drei Aufgaben scheitern, während andere sie als spielerisch leicht empfinden.

TEST 1

Wieviele Flächen weisen die hier abgebildeten Gegenstände auf?

ZEITLIMIT: 5 MINUTEN.

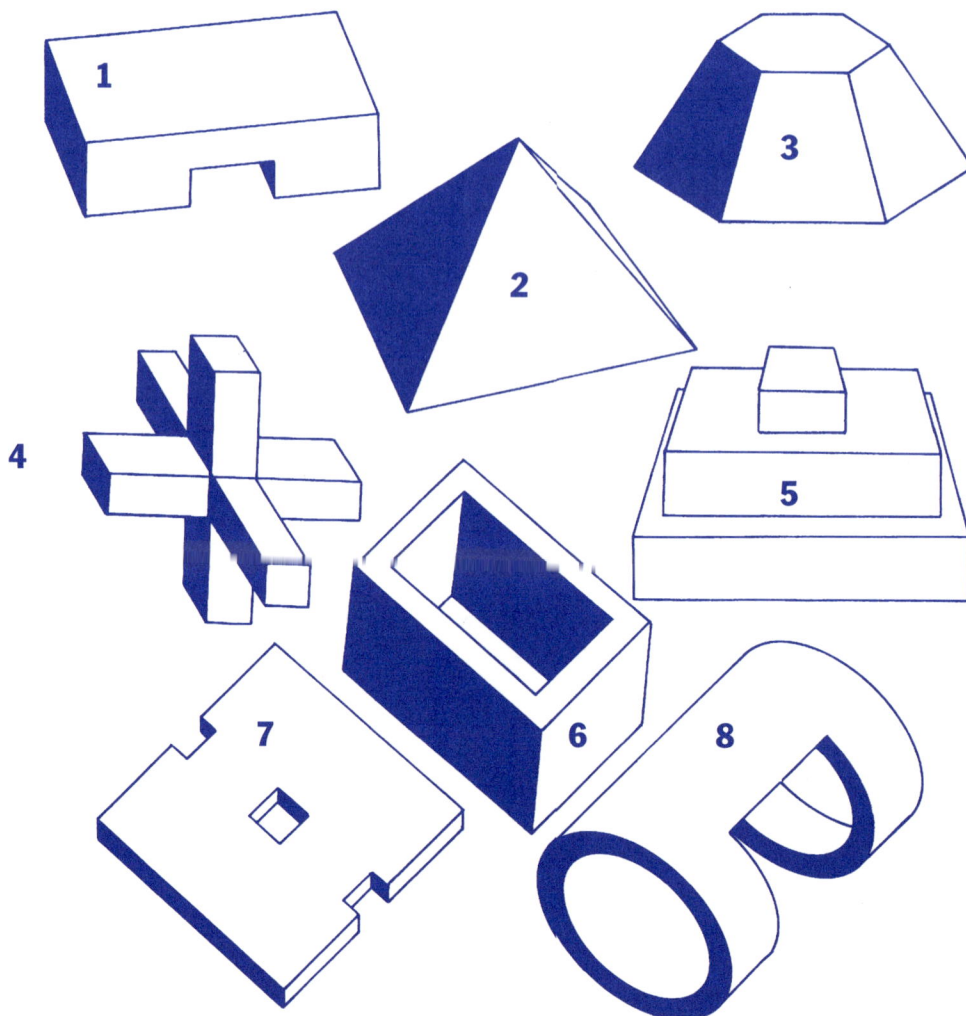

TEST 2

*Finden Sie heraus, welche der vier abgebildeten Seitenansichten den links abge-
bildeten Körper darstellt. Diese Aufgabe setzt die Fähigkeit voraus, die Körper
räumlich zu visualisieren und sie dabei vor dem geistigen Auge zu drehen.*

ZEITLIMIT: 10 MINUTEN.

TEST 3

Diese Aufgaben ähneln denen der letzten Sektion. Finden Sie heraus, welcher der vier Körper als Schlüssel exakt das links abgebildete Schloß ausfüllt.

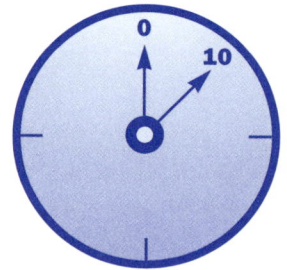

ZEITLIMIT: 10 MINUTEN.

KOMMENTARE

Das visuelle Empfinden gehört mit großer Wahrscheinlichkeit zu den veranlagten Fähigkeiten, die sich nicht erlernen lassen, obwohl man sie durch Training verbessern kann. Manche Menschen erkennen sofort perspektivische Unstimmigkeiten oder Abweichungen in der Symmetrie, während sie von anderen absolut nicht wahrgenommen werden können. Wer die Veranlagung dazu hat, sollte die Fehler in der Zeichnung erkennen. Wenn Sie alle acht Fehler in sehr kurzer Zeit entdeckt haben, gehören Sie zu den Menschen, die ein ausgeprägtes Gefühl für visuelle Ästhetik besitzen. Haben Sie nur sieben oder sechs der Fehler bemerkt, liegt Ihr Ergebnis durchaus im Rahmen. Bei fünf oder weniger gehören Sie vermutlich zu den Menschen, die Einrichtungsfragen und anderen Probleme der Ästhetik nicht ohne den Rat eines Experten angehen sollten.

WIE KREATIV SIND SIE?

Der theoretische Intelligenzquotient und das kreative Vermögen gehören zu den psychischen Faktoren, die in der Kindheit festgelegt werden und sich nicht nachträglich steigern lassen. Es ist jedoch erwiesen, daß man beide Eigenschaften erst durch regelmäßiges Training voll nutzen kann, wodurch sich eine scheinbare Steigerung ergibt. Zeitlimits sind bei solchen Tests unzweckmäßig, da wirklich kreative Lösungen erst nach längerer Beschäftigung mit einem Problem entstehen können. Auch in unserem Berufsleben ist es oft sinnvoller, eine wirklich neuartige Lösung zu entwickeln, als unter Zeitdruck banale Vorschläge aus dem Gedächtnis zu nennen. Wirklich gut sind Lösungen, auf die andere Menschen gar nicht erst kommen würden, weil Sie eine vollkommen einzigartige Interpretationsweise gefunden haben.

VERBALE KREATIVITÄT

Kreativität ist eine unberechenbare Begabung: Manchmal können Sie etliche Tage über einem Problem brüten, ohne daß Ihnen eine wirklich kreative Lösung einfällt, bis plötzlich der richtige Gedanke wie ein Blitz in Ihrem Kopf auftaucht. Es besteht jedoch die Vermutung, daß dieser Mechanismus nicht ohne den vorhergehenden, langwierigen Denkprozeß funktioniert. Wenn Sie diese Mühe gerne in Kauf nehmen, fühlen Sie sich in einem kreativen beruflichen Umfeld wahrscheinlich sehr wohl. Anders sieht die Sache natürlich aus, wenn Sie kreative Gedankenspielen mühselig und langweilig finden.

WERTUNG:

161 – 180	herausragend
141 – 160	ausgezeichnet
121 – 140	durchschnittlich
101 – 120	ziemlich schlecht
UNTER 100	bedenklich

AUSWERTUNG:
Für jeden Satz gibt es maximal zehn Punkte. Ziehen Sie einen Punkt für jedes Wort ab, das Sie nicht verwendet haben. Insgesamt können Sie also maximal 180 Punkte erzielen.

A)

1 In der Nacht schlich die Katze langsam durch das Unterholz.

2 Plötzlich gab es ein Gewitter und alle Leute waren durchnäßt.

3 Unerwartet explodierte der neue Computer mit einem ohrenbetäubend lauten Knall.

4 Nach einer telefonisch angekündigten Bombendrohung wurde das Gebäude sofort geräumt.

5 Als das Flugzeug über das Haus flog, zitterten die Wände.

6 Die ersten Kritiken waren doch nicht so bissig wie erwartet.

B)

1 Obwohl das Feuer schon am Morgen gelöscht worden war, standen die Menschen noch dort und starrten auf die schwelenden Trümmer.

2 Der Himmel war voller dunkler Wolken und in der darauf folgenden Nacht brach ein schreckliches Gewitter über das Dorf herein.

3 Schon seit ihrer Schulzeit waren die beiden absolute Fußballfans und hatten lange Zeit über die Anschaffung einer kostspieligen Dauerkarte nachgedacht.

4 Auf jeder Party fiel er als Erster über das kalte Buffet her und betrank sich oft anschließend bis zum Umfallen.

5 Von allen eingebildeten Kranken war er der einzige, der während des Urlaubs auf Mallorca ein ganzes Krankenhaus auf Trab hielt.

6 Sie rasten abends wie die Irren auf ihren frisierten Motorrädern durch den alten Steinbruch und bauten dabei die haarsträubendsten Unfälle.

C)

1 Sie kann mir nicht erzählen, daß sie vor drei Jahren etwas anderes erwartet hatte, als sie in unsere Stadt zog und auf die unsinnige Idee kam, hier eine Würstchenbude aufzumachen.

2 Wenn in dieser Gegend eine Katastrophe passiert, können die Eingeborenen nur hoffen, daß die Hilfsorganisationen über eine ausreichende Anzahl schneller Hubschrauber und Flugzeuge verfügen, die derzeit nicht anderweitig eingesetzt werden.

3 Ihre gesamte Studienzeit war eine einzige Party, aber nach dem Abschluß bekamen sie doch ein schlechtes Gewissen und traten einer Partei bei, deren Satzung die Einführung der doppelten Staatsbürgerschaft fordert.

4 Natürlich existierten vor der Erteilung der Baugenehmigung exakte Konstruktionsunterlagen, die jedoch ständig geändert wurden, weil der unter einer Profilneurose leidende Firmenchef ständig die genaue Lage und Anzahl der Steckdosen bemängelte.

5 Wenn der Bürgermeister nicht die Polizei auf den Plan gerufen hätte, wäre die für ihre Baudenkmäler bekannte Altstadt mit großer Wahrscheinlichkeit von den Aufständlern in Schutt und Asche gelegt worden.

6 Es ist eigentlich nicht vorstellbar, daß eine arbeitslose Sekretärin einen nagelneuen italienischen Sportwagen fährt und mindestens dreimal im Jahr in die sonnige Karibik fliegt, um dort ausgiebig Urlaub zu machen.

GESCHICHTEN ERZÄHLEN

AUSWERTUNG:

Sie sollten diesen Test am besten von einer anderen Person auswerten lassen.
Wenn die von Ihnen erfundene Geschichte plausibel klingt und die vorgegebenen
Ereignisse gut zusammenführt, erhalten Sie zehn Punkte. Für jedes ausgelassene
Ereignis werden zwei Punkte abgezogen. Die maximale Punktzahl für alle 3 Tests
beträgt also 30.

WERTUNG:

26 – 30	hervorragend, schreiben Sie einen Roman!
21 – 25	sehr gut
16 – 20	recht brauchbar
11 – 15	schlecht
UNTER 10	sehr wenig Kreativität

IMPROVISATION

Wenn Sie erfindungsreich sind, haben Sie vielleicht sogar mehrere Lösungen für die
Probleme gefunden. Vielleicht sind sie sogar eleganter als meine Lösungsvorschläge.
In diesem Fall schlummert in Ihnen vermutlich ein Abenteurer, der sich selbst aus
den schlimmsten Situationen befreien kann.

AUSWERTUNG:

Geben Sie sich zwei Punkte, wenn Sie das Problem ganz gelöst haben. Es spielt
dabei keine Rolle ob Ihre Lösung mit dem unten stehenden Lösungsvorschlag
übereinstimmt. Einen Punkt erhalten Sie, wenn Sie einen Plan haben, ihn aber nicht
ausführen können. Haben Sie keine Lösung gefunden gibt es keine Punkte.

WERTUNG:

9 ODER 10
Sie sind sehr kreativ und praktisch veranlagt.

7 ODER 8
Nicht schlecht, aber Sie sollten einiges auf Ihre Expeditionen mitnehmen.

5 ODER 6
durchschnittliche Fähigkeiten.

UNTER 4
Begeben Sie sich nicht in Gefahr, ohne gut ausgerüstet zu sein!

LÖSUNGSVORSCHLÄGE

1 Schieben Sie die Zeitung unter der Tür durch und verwenden Sie die Haarnadel um den Schlüssel aus dem Schloß zu stoßen, so daß er auf die Zeitung fällt.

2 Entfernen Sie den Schlauch des Reserverades und benutzen Sie ihn als Rettungsring, um durch den See zu schwimmen.

3 Verwenden Sie das Uhrenglas als Brennglas, um mit dem Papier des Buches und dem Holz des Baumstammes ein Feuer zu entfachen. Füllen Sie eine der Flaschen mit Meerwasser und verbinden Sie sie über den Fahrradschlauch mit der anderen Flasche. Stellen Sie die volle Flasche ins Feuer dieser primitive Destillierapparat sorgt dafür, daß sich die leere Flasche bald mit Süßwasser füllt.

4 Trinken Sie die Cola aus oder schütten Sie sie weg. Trennen Sie die Flasche mit dem Messer in zwei Teile die untere Hälfte sollte etwas größer sein. Legen Sie ein Stück Brot hinein und legen Sie das Oberteil umgekehrt in das Unterteil, so daß der Flaschenhals nach innen deutet. Stellen Sie diese Konstruktion ins Wasser und fixieren Sie sie mit Steinen. Kleinere Fische werden vom Brot angelockt und können die Flasche anschließend nicht mehr verlassen. Sie müssen also nur warten …

ORIGAMI

Dieser Test läßt sich nicht nach Punkten bewerten, da nur Sie selbst entscheiden können, ob Ihre Papiermodelle den Vorbildern ähneln. Wenn Ihnen dies Ihrer Meinung nach bei mindestens zwei Modellen gelungen ist, kann man schon von einer beachtlichen Leistung reden. Falls Sie jedoch nicht einmal den Papierhut zustandegebracht haben, beschränken sich Ihre künstlerischen Fähigkeiten bestenfalls auf Malen nach Zahlen.

HUT: A

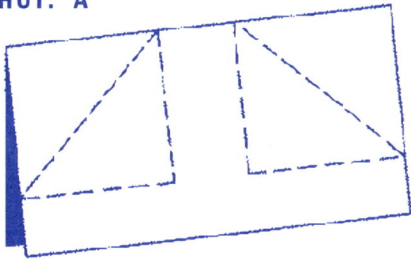

B

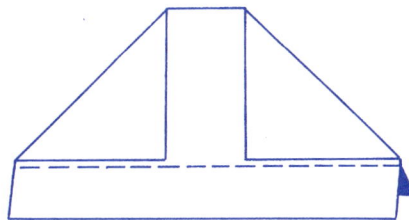

C

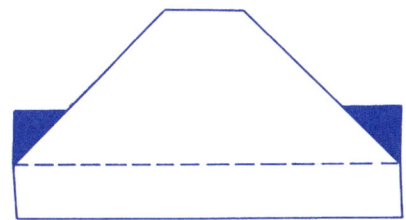

SCHACHTEL: A

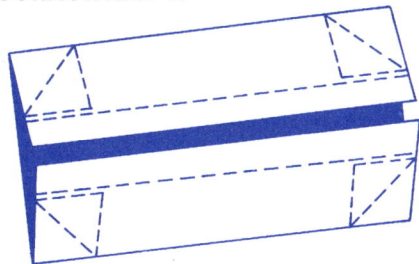

B

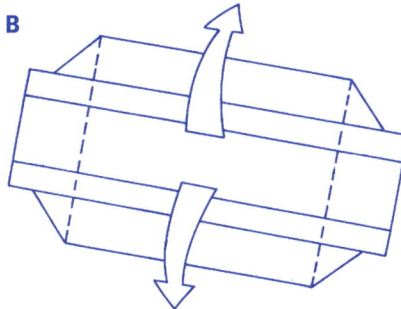

C

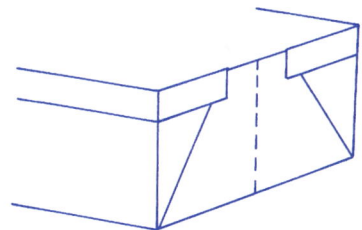

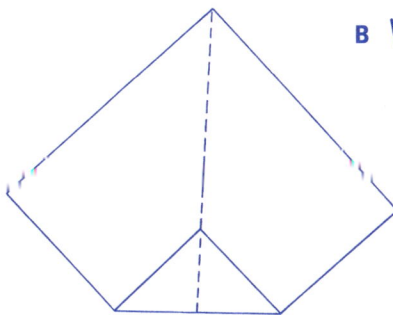

B

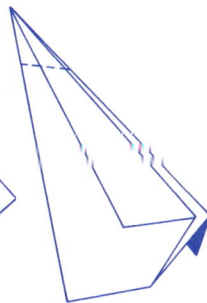

C

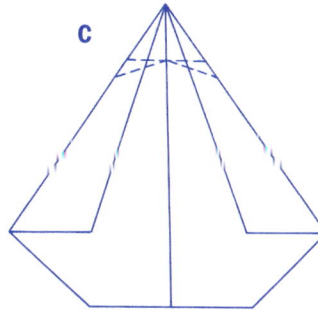

D

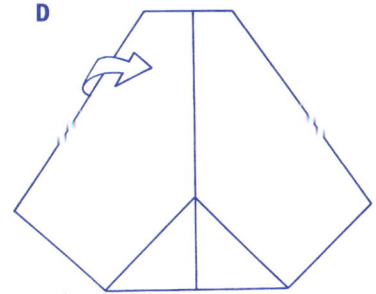

LATERALES DENKEN

AUSWERTUNG:
Für jeden gefundenen Verwendungszweck erhalten Sie einen Punkt.

WERTUNG:

16 und mehr	brillant!
11 – 15	ziemlich beeindruckend
6 – 10	gut
unter 5	wenig kreativ

TANGRAM

Es ist nicht leicht, alle Teile so zu verwenden, daß sie wirklich sinnvoll plaziert sind. Maximal können bei jeder Figur zehn Punkte erzielt werden ziehen Sie einen Punkt für jedes Teil ab, das Sie nicht verwendet haben. Volle 40 Punkte sind wirklich außergewöhnlich. Alles über 30 ist recht gut, alles über 20 durchschnittlich. Wenn Sie weniger als 15 Punkte erzielen, gehören Sie vermutlich zu den weniger kreativen Menschen.

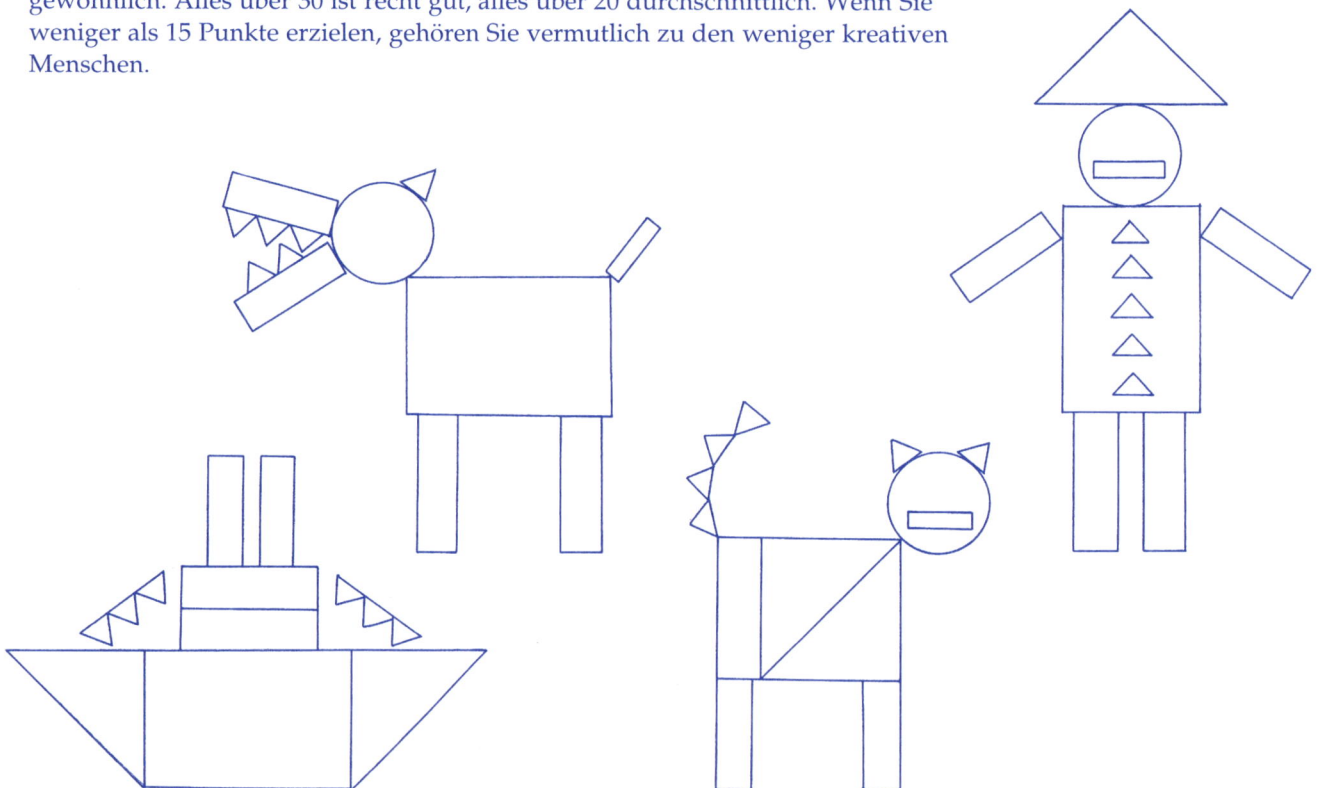

RÄUMLICHES VORSTELLUNGSVERMÖGEN

Es erweist sich in vielen Fällen als nützlich, ein gutes räumliches Vorstellungsvermögen zu besitzen. Mit Intelligenz hat dies jedoch nichts zu tun, auch wenn die gängigen Intelligenztests häufig entsprechende Aufgaben enthalten. Tatsächlich gibt es hochintelligente Menschen, die einfach nicht in der Lage sind, einen Gegenstand mit dem geistigen Auge zu erfassen und daraus Rückschlüsse auf seine Beschaffenheit zu gewinnen.

LÖSUNGEN:
TEST 1
1: 10 · **2:** 5 · **3:** 8 · **4:** 30 · **5:** 15 · **6:** 10 · **7:** 18 · **8:** keine Flächen
TEST 2
A: 3 · **B:** 4 · **C:** 3 · **D:** 1 · **E:** 1
TEST 3
A: 2 · **B:** 1 · **C:** 3 · **D:** 2 · **E:** 4

WERTUNG:

TEST 1
6 – 8	sehr gut
3 – 5	gut
UNTER 3	schwach

TEST 2 + 3
5	sehr gut
3 – 4	gut
UNTER 3	schwach

WER
SIE WIRKLICH
SIND

Wie gut kennen Sie sich selbst? Was halten andere Menschen von Ihnen? Sind Sie krisenfest, anpassungsfähig und kontaktfreudig? Oder doch eher schüchtern und zurückhaltend? Die meisten Menschen würden gerne wissen, wie Sie auf andere wirken. Dieser Abschnitt soll Ihnen die Kräfte vor Augen führen, aus denen Sie Ihre Motivation beziehen. Niemand kennt Sie besser als Sie selbst – mit Hilfe der folgenden Tests sollte es Ihnen gelingen, faszinierende Einblicke in Ihr eigenes Verhalten zu erlangen.

DURCHSETZUNGSVERMÖGEN

Wie steht es um Ihr Durchsetzungsvermögen? Reagieren Sie unterschiedlich auf verschiedene Konfliktsituationen?

1 **Sie haben ein neues Hemd gekauft. Zuhause entdecken Sie, daß es ein Loch hat. Wie verhalten Sie sich:**

A) Sie nehmen es mit einem Achselzucken hin.　　　　　　　　　　　　　　　　**A)** ☐

B) Sie suchen das Geschäft auf und verlangen einen Umtausch.　　　　　　　　**B)** ☐

C) Sie suchen das Geschäft auf, aber lassen sich mit einer lauen Entschuldigung abspeisen.　　**C)** ☐

2   **Sie sitzen in einem Restaurant und warten bereits seit zehn Minuten auf den Kellner. Als sich ein neuer Gast am Nebentisch niederläßt, wird er prompt bedient.**

A) Sie beschweren sich lautstark.   A) ☐

B) Sie werfen dem Kellner einen bösen Blick zu, damit er weiß, wen er als nächstes zu bedienen hat.   B) ☐

C) Sie tun nichts.   C) ☐

3   **Sie feiern Ihren Geburtstag in einem exklusiven Restaurant. Das Essen ist mies, die Bedienung unfreundlich.**

A) Sie teilen Ihren Gästen mit, daß Sie nie mehr in dieses Restaurant gehen werden.   A) ☐

B) Sie verlangen den Geschäftsführer zu sprechen, um einen ordentlichen Preisnachlaß auszuhandeln.   B) ☐

C) Sie tun, als ob alles super gewesen sei.   C) ☐

4   **In Ihrem Nichtraucherbüro zündet sich jemand eine Zigarette an.**

A) Sie ignorieren ihn und konzentrieren sich lieber auf Ihre Arbeit.   A) ☐

B) Sie husten vernehmlich.   B) ☐

C) Sie fordern ihn auf, den Raum zu verlassen.   C) ☐

5   **Seit drei Tagen kommt der Zug, mit dem Sie zur Arbeit fahren, satte 50 Minuten zu spät.**

A) Sie rufen bei der Beschwerdestelle der Bahn AG an und fragen schnippisch, ob man die Fahrpläne geändert hat.   A) ☐

B) Sie veranstalten am Bahnsteig eine Unterschriftensammlung, die Sie der Bahn AG vorlegen.   B) ☐

C) Sie beschließen, in Zukunft den Bus zu benutzen.   C) ☐

6   **Ein Blind Date im Kino nimmt eine unerfreuliche Wendung, als Ihr Treff seinen Arm um Sie legt, was Ihnen nun gar nicht in den Kram paßt.**

A) Sie blicken stur geradeaus und halten den Mund.   A) ☐

B) Sie tun, als ob es Ihnen durchaus angenehm sei.   B) ☐

C) Sie beschweren sich lautstark.   C) ☐

7   **Nach dem Einkauf im Supermarkt stellen Sie fest, daß auf Ihrem Kassenbon sechs Artikel berechnet wurden, die Sie gar nicht gekauft haben.**

A) Sie beschließen, zukünftig besser aufzupassen.   A) ☐

B) Sie verlangen Ihr Geld unter Vorlage des Kassenbons zurück.   B) ☐

C) Sie machen den Kassierer bei der nächsten Gelegenheit darauf aufmerksam und akzeptieren seine Entschuldigung.   C) ☐

8   **Obwohl Sie gerade fürchterlich viel zu tun haben, bittet Sie eine Freundin, einige Schreibarbeiten für sie zu erledigen.**

A) Sie sagen zu, obwohl Sie dafür eine Nachtschicht einlegen müssen.   A) ☐

B) Sie sagen zu, schieben die Aufgabe aber absichtlich vor sich her, bis sich die Freundin anderweitig nach Hilfe umsieht.   B) ☐

C) Sie ziehen sich aus der Affäre, indem Sie ihr auf humorvolle Weise andeuten, wie überarbeitet Sie derzeit sind.   C) ☐

9 **Obwohl Sie sich gerade bemühen, das Rauchen aufzugeben, bietet Ihnen ein Bekannter eine Zigarette an.**

A) Sie starren den Glimmstengel sehnsüchtig an, lehnen dankend ab und atmen statt dessen genießerisch den Qualm seiner Zigarette ein.　　A) ☐

B) Sie nehmen das Angebot an, obwohl Sie deswegen ein schlechtes Gewissen haben.　　B) ☐

C) Sie erklären stolz, daß Sie nicht mehr rauchen.　　C) ☐

10 **Sie sitzen in einem Taxi, dessen Fahrer verdächtig nach Alkohol riecht.**

A) Sie lassen sich sofort bei einer Telefonzelle absetzen und beschweren sich beim Taxiunternehmen.　　A) ☐

B) Sie lassen sich unter einem Vorwand an der nächsten Straßenecke absetzen.　　B) ☐

C) Sie sagen nichts und hoffen, daß Sie die Fahrt unbeschadet überstehen werden.　　C) ☐

11 **Bei einem Vorstellungsgespräch sagt man Ihnen unfairerweise ins Gesicht, daß Sie nicht über die für den Job erforderliche Erfahrung verfügen.**

A) Sie streiten das nicht ab, weisen aber auf Ihr Alter und Ihre Qualifikationen hin.　　A) ☐

B) Sie erklären, daß Sie drei Jahre nach dem Ende Ihrer Ausbildung nun einmal nicht auf fünf Jahre Berufserfahrung zurückblicken können. Außerdem würde es ja Bände sprechen, daß Sie drei Jahre in ungekündigter Stellung gearbeitet haben.　　B) ☐

C) Sie sehen den Standpunkt des Personalchefs ein und schreiben den Job ab.　　C) ☐

12 **Sie besuchen einen Verwandten im Krankenhaus. Der Arzt erwähnt den Namen der Krankheit, der Ihnen jedoch nichts sagt.**

A) Sie nicken und tun, als wüßten Sie genau Bescheid.　　A) ☐

B) Sie bitten den Arzt um eine genaue Erklärung.　　B) ☐

C) Sie sagen nichts und bitten anschließend eine Krankenschwester um eine einfache Erklärung.　　C) ☐

13 **An Ihrer Tür klingelt ein Staubsaugervertreter, der Ihnen eine Flasche Teppichreiniger schenken will, ohne zu erklären, daß es ihm nur darum geht, mit Ihnen ins Geschäft zu kommen.**

A) Sie lesen, was auf dem Etikett der Flasche steht und lassen den Vertreter seine Sprüche aufsagen, um ihm dann mitzuteilen, daß Sie an seinen Staubsaugern kein Interesse haben.　　A) ☐

B) Sie laden ihn zu eine Tasse Kaffee ein und kaufen ihm schließlich drei Staubsauger ab, von denen Sie zwei zu verschenken gedenken.　　B) ☐

C) Sie erklären dem Vertreter, daß Sie Staubsauger prinzipiell nur im Fachhandel und nicht an der Tür kaufen.　　C) ☐

14 **Am Nachmittag sitzen Sie gemütlich in Ihrer Wohnung, als Ihr Nachbar plötzlich die Musik laut aufdreht.**

A) Sie setzen mit Hilfe Ihrer eigenen Stereoanlage zum Gegenschlag an.　　A) ☐

B) Sie klingeln bei ihm an und bitten ihn bestimmt aber höflich, die Lautstärke auf ein erträgliches Maß zu reduzieren.　　B) ☐

C) Sie verlassen das Haus, um dem Lärm zu entgehen.　　C) ☐

15 Die Belegschaft Ihre Firma hat beschlossen, daß derjenige, der morgens als Letzter am Arbeitsplatz eintrifft, für die Versorgung mit Kaffee zuständig ist. Dummerweise kommt Ihr Bus permanent zu spät. Außerdem mögen Sie keine Heißgetränke.

A) Sie machen sich mit der Bedienung der Kaffeemaschine vertraut. **A)** ☐

B) Sie reagieren so pampig, daß sich niemand traut, den Beschluß durchzusetzen. **B)** ☐

C) Sie explodieren und erklären den anderen mit schneidender Stimme, daß Sie nicht zu solchen Mätzchen bereit sind, da Sie die Arbeitszeit besser zu nutzen wüßten. **C)** ☐

16 Beim Gassigehen wird Ihr Hund von einem anderen Hund gebissen und Sie müssen mehrmals mit ihm den Tierarzt aufsuchen.

A) Sie sprechen den Halter des anderen Hundes bei nächster Gelegenheit an und verlangen eine Beteiligung an den Kosten. **A)** ☐

B) Sie nehmen gar nicht erst Kontakt auf, sondern schicken eine Rechnung über die gesamten Behandlungskosten. **B)** ☐

C) Sie gehen zukünftig mit ihrem Hund woanders Gassi. **C)** ☐

17 Sie haben eine Pauschalreise gebucht. Bei Ihrer Ankunft stellen Sie fest, daß sich das Hotel in einer ziemlich lärmigen Gegend befindet und der Strand gut 20 Fußminuten entfernt liegt.

A) Sie nehmen die nächste Maschine nach Hause und schreiben eine Reihe von Beschwerdebriefen, bis man Ihnen den Reisepreis komplett zurückerstattet. **A)** ☐

B) Sie beschließen, das Beste daraus zu machen, beschweren sich aber telefonisch beim Reiseveranstalter. **B)** ☐

C) Sie betrachten den Lärm als willkommene Abwechslung und sagen sich, daß Laufen schließlich gesund sein soll. **C)** ☐

18 Ein Kollege schickt Ihnen regelmäßig Geburtstagskarten. Als sein Geburtstag naht erfahren Sie, daß er ständig hinter Ihrem Rücken über Sie klatscht. Sie ...

A) schicken ihm keine Karte, gratulieren ihm jedoch und entschuldigen sich für Ihre Vergeßlichkeit. **A)** ☐

B) kaufen sich bereits vier Wochen vorher eine Karte und versehen Sie mit einem warmherzigen Spruch. **B)** ☐

C) gratulieren ihm nicht, sondern machen den ganzen Tag im Büro zynische Bemerkungen über seine Klatscherei. **C)** ☐

19 Nachdem Sie in eine Wohngemeinschaft eingezogen sind, merken Sie schon bald, daß Sie der einzige sind, der die Wohnung in Ordnung hält.

A) Sie nehmen es gelassen hin und drehen bei der Hausarbeit das Radio laut auf, damit es mehr Spaß macht. **A)** ☐

B) Sie streiken, bis die anderen einsehen, daß sie ebenfalls ihren Teil zur Hausarbeit beitragen müssen. **B)** ☐

C) Sie erwähnen bei Tisch, daß es schön wäre, wenn die anderen ihren Pflichten ebenfalls nachkommen würden. **C)** ☐

WER SIE WIRKLICH SIND

20 In einer Stehpizzeria bestellen Sie eine Thunfischpizza ohne Zwiebeln und einen trockenen Rotwein. Natürlich kommt die Pizza mit Zwiebeln und der Rotwein ist zuckersüß.

A) Sie lassen alles zurückgehen. A) ☐

B) Sie essen die Pizza und trinken den Wein, beschweren sich aber an der Kasse und fordern einen Preisnachlaß. B) ☐

C) Sie kratzen die Zwiebeln von der Pizza und trinken mit angeekelter Miene den Wein, obwohl Ihnen davon leicht übel wird. C) ☐

21 Sie unterhalten sich mit einer Gruppe von Leuten, die Sie nicht sonderlich mögen. Schließlich spricht jemand ein Thema an, von dem Sie eigentlich keine Ahnung haben.

A) Sie verdrücken sich unauffällig. A) ☐

B) Sie entschuldigen sich unter irgendeinem Vorwand. B) ☐

C) Sie bluffen sich eine Weile durch und übernehmen das Wort, um so abrupt zu einem ganz anderen Thema zu wechseln, daß die anderen sich kopfschüttelnd von Ihnen distanzieren. C) ☐

22 Sie gewinnen den Jackpot im Lotto und geraten dadurch in die Schlagzeilen. Bald erhalten Sie zahllose Bettelbriefe.

A) Sie werfen sie ungelesen weg und sind empört über das Verhalten der Leute. A) ☐

B) Sie lesen die Briefe und schicken einigen der Absender kleinere Beträge. B) ☐

C) Sie verteilen Ihr Geld großzügig an jeden, der Ihnen bedürftig erscheint. C) ☐

23 Sie fahren mit einem Taxi zu einer Party. Die Fahrt kostet 35 Mark, aber Sie haben nur einen Hunderter dabei und die Fahrerin behauptet, sie könne nicht herausgeben.

A) Sie sagen Behalten Sie den Rest! und ermahnen sich, beim nächsten Mal Kleingeld mitzunehmen. A) ☐

B) Sie fangen einen Streit mit der Fahrerin an, bis sie es leid hat und Ihnen den Fahrpreis erläßt. B) ☐

C) Sie klingeln beim Gastgeber der Party an und beschaffen sich Wechselgeld, das Sie der Fahrerin genau abgezählt und mit einem bezeichnenden Gesichtsausdruck überreichen. C) ☐

24 Sie essen gerade zu Abend, als das Telefon klingelt.

A) Sie nehmen den Anruf an und finden sich damit ab, daß Sie Ihr Abendbrot kalt herunterschlingen müssen. A) ☐

B) Sie heben den Hörer ab und sagen dem Gesprächspartner, daß Sie ihn später zurückrufen. B) ☐

C) Sie heben den Hörer ab und erklären dem Gesprächspartner, er solle Sie gefälligst später noch einmal anrufen. C) ☐

25 Sie wollten den Abend eigentlich mit einem schönen Fernsehkrimi abschließen, als unverhofft einige Freunde vorbeikommen. Bald schon schaltet jemand den Fernseher ein, da ein wichtiges Spiel der Fußballweltmeisterschaft läuft.

A) Sie schalten den Videorecorder ein, um den Film aufzuzeichnen, machen Ihren Freunden jedoch klar, daß Sie deren Verhalten nicht unbedingt gutheißen. A) ☐

B) Sie versorgen Ihre Freunde mit Getränken und ziehen sich in eine Ecke zurück, um ein gutes Buch zu lesen. B) ☐

C) Sie schalten auf den Film um und stecken die Fernbedienung in Ihre Hosentasche. C) ☐

26   **Sie warten bereits einige Minuten an der Ladentheke, während der Verkäufer mit einem Bekannten schwatzt.**

A) Sie verlangen, sofort bedient zu werden.   **A)** ☐

B) Sie warten noch einen Augenblick und verlassen den Laden, um woanders einzukaufen.   **B)** ☐

C) Sie warten einen Augenblick und fragen beiläufig, ob man in diesem Laden überhaupt bedient wird.   **C)** ☐

27   **Sie erzählen einer Polizistin, daß in Ihrer Nachbarschaft etwas nicht mit rechten Dingen zugeht. Die Beamtin erwidert scharf, daß Sie sich nicht in die Angelegenheiten anderer Menschen einmischen sollen.**

A) Sie fragen die Polizistin nach ihrer Dienstnummer und beschweren sich auf der Dienststelle über ihr Verhalten.   **A)** ☐

B) Sie bemerken in der Nähe einen Polizisten und versuchen Ihr Glück bei ihm.   **B)** ☐

C) Sie entschuldigen sich für Ihr unangemessenes Verhalten und lassen die Sache auf sich beruhen.   **C)** ☐

28   **Ihre Schwester hat sich ein teures Kostüm gekauft, in dem sie leider absolut unmöglich aussieht.**

A) Sie sagen erstmal nichts, loben jedoch ihren guten Geschmack, als sie wieder einmal in einem alten Kostüm bei Ihnen vorbeischaut.   **A)** ☐

B) Sie sagen ihr, das Kostüm würde ihr großartig stehen.   **B)** ☐

C) Sie fragen Sie, ob sie damit im Karneval auftreten will.   **C)** ☐

29   **Sie sehen sich gezwungen, in einen riskanten Beruf zu wechseln, der zudem große Anforderungen stellt.**

A) Sie sehen das als Herausforderung an und beschließen, die neue Branche mit innovativen Ideen umzukrempeln.   **A)** ☐

B) Sie werfen nach einigen Tagen das Handtuch und nehmen einen sehr schlecht bezahlten, öden Job an.   **B)** ☐

C) Sie probieren es einige Monate und kündigen, nachdem Sie festgestellt haben, daß es nichts für Sie ist.   **C)** ☐

30   **Schon seit einigen Monaten träumen Sie von einem bestimmten Auto. Als Sie das Geld endlich aufbringen können und ein Autohaus aufsuchen, preist der Verkäufer Ihnen ein wesentlich teureres Modell an.**

A) Sie gehen zu einem anderen Händler.   **A)** ☐

B) Sie erkennen die Vorteile des teureren Modells und lassen sich einen Finanzierungsplan anfertigen.   **B)** ☐

C) Sie ignorieren die Verheißungen und kaufen das Auto, für das Sie sich schon lange vorher entschieden hatten.   **C)** ☐

MUT UND TAPFERKEIT

Wie mutig sind Sie? Würden Sie in ein brennendes Haus laufen, um einen Freund zu retten? Oder würden Sie lediglich die Feuerwehr anrufen? Vertreten Sie Ihre Ansichten so vehement, daß Sie dafür sogar ins Gefängnis gehen würden? Oder überlassen Sie es lieber anderen, den Helden zu spielen? Beantworten Sie die folgenden Fragen, um herauszufinden, wie tapfer Sie wirklich sind.

1 Bei einem Spaziergang bemerken Sie, wie ein Mann ein Mädchen anschreit und mit sich zu zerren versucht.

A) Sie ignorieren die beiden, da es Sie schließlich nichts angeht.   **A)** ☐

B) Sie nähern sich sehr diskret und beobachten, ob ein Eingreifen Ihrerseits nötig ist.   **B)** ☐

C) Sie verständigen die Polizei.   **C)** ☐

2 Man bietet Ihnen einen interessanteren und besser bezahlten Job an, der aber nicht das gewohnte Maß an sozialer Absicherung bietet.

A) Sie ergreifen die Chance, weil Sie glauben, daß man ohne eine gewisse Risikobereitschaft nicht weiterkommen kann.   **A)** ☐

B) Sie denken eine Zeit darüber nach und beschließen dann, sich nach einer weniger riskanten Alternative umzusehen.   **B)** ☐

C) Sie lehnen dankend ab, da Sie Ihre soziale Absicherung nicht auf's Spiel setzen wollen.   **C)** ☐

3 Man spricht Sie als prominenten Mitbürger darauf an, ob Sie im Rahmen einer Wohltätigkeitsveranstaltung einen Fallschirmsprung durchführen würden.

A) Sie erklären, daß Sie lieber dem guten Zweck dienen würden, indem Sie ein Lied zum besten geben.   **A)** ☐

B) Sie beteiligen sich lieber mit einer großzügigen Spende.   **B)** ☐

C) Sie buchen sofort einen Kursus im Fallschirmspringen und suchen darüber hinaus nach weiteren Sponsoren.   **C)** ☐

4 Während eines Spazierganges sehen Sie, wie ein Junge beim Angeln in einen Fluß stürzt und um Hilfe schreit.

A) Sie rennen los, um Hilfe zu holen.   **A)** ☐

B) Sie springen sofort ins Wasser, um ihn zu retten.   **B)** ☐

C) Sie suchen einen langen Ast, um den Jungen aus dem Wasser zu fischen.   **C)** ☐

5 Seit langer Zeit wäre bei Ihnen eine Gehaltserhöhung fällig, aber es scheint sich diesbezüglich nichts zu tun.

A) Sie sprechen Ihren Chef höflich darauf an.   **A)** ☐

B) Sie arbeiten noch härter und lassen gegenüber Ihrem Chef einige beiläufige Bemerkungen fallen.   **B)** ☐

C) Sie beschließen, bei der ersten Gelegenheit eine besser bezahlte Anstellung anzunehmen.   **C)** ☐

6 In Ihrer Firma bricht ein Feuer aus. Während Sie und Ihre Mitarbeiter das Gebäude fluchtartig verlassen, bemerken Sie als einziger, wie ein Kollege stürzt und schmerzverzerrtem Gesicht auf dem Boden liegenbleibt.

A) Sie flüchten, unterrichten aber die vor dem Gebäude versammelten Feuerwehrleute. A) ☐

B) Sie helfen Ihrem Kollegen auf und schleppen ihn aus dem Gebäude. B) ☐

C) Sie versuchen zunächst, Ihrem Kollegen zu helfen, der aber nur sehr langsam vorankommt. Also laufen Sie los und unterrichten die Feuerwehrleute. C) ☐

7 Eigentlich wollen Sie das Wochenende mit Ihren Freunden verbringen, aber da erhalten Sie einen Anruf von einer reichen Tante, die Sie auffordert, am Wochenende ihren Garten in Ordnung zu bringen.

A) Sie erklären der Tante freundlich, daß Sie bereits verabredet sind. A) ☐

B) Sie sagen ihr, daß Sie lieber am folgenden Wochenende kommen würden. B) ☐

C) Sie protestieren eine Weile und fügen sich dann den Wünschen der Tante. C) ☐

8 Welche der folgenden Sportarten würden Sie bevorzugen:

A) Segelfliegen A) ☐

B) Skifahren B) ☐

C) Fahrradfahren C) ☐

9 Sie kommen zu spät zur Arbeit, weil Ihr Wecker kaputtgegangen ist. Wie verhalten Sie sich:

A) Sie sagen die Wahrheit. A) ☐

B) Sie entschuldigen sich mit einer Ausrede, bieten aber an, heute länger in der Firma zu bleiben. B) ☐

C) Sie sind so mit den Nerven am Ende, daß Ihr Chef sich gar nicht nach dem Grund Ihrer Verspätung zu fragen traut. C) ☐

10 Sie machen mit einem Freund Campingurlaub. Eines Nachts kriecht eine große Spinne durch Ihr Zelt. Sie sind alles andere als begeistert, aber Ihr Freund reagiert vollkommen hysterisch.

A) Sie atmen tief ein, greifen nach der Spinne und setzen sie an die frische Luft. A) ☐

B) Sie rollen eine Zeitschrift zusammen und schlagen sie tot. B) ☐

C) Sie schreien um Hilfe, bis sich einer der anderen Camper erbarmt und die Spinne beseitigt. C) ☐

11 Sie werden von einem sehr hitzköpfigen Freund nach Ihrer ehrlichen Meinung über seine Person gefragt.

A) Sie sagen ihm die Wahrheit. A) ☐

B) Sie lügen. B) ☐

C) Sie sagen etwas Unverbindliches. C) ☐

12 Sie werden von einigen ziemlich schrägen Freunden auf einen Kneipenbummel eingeladen. Sie wissen, daß diese Leute gerne die Aufmerksamkeit anderer auf sich ziehen.

A) Sie gehen mit und tragen eine dunkle Sonnenbrille und einen falschen Bart, damit Sie ja niemand erkennt. A) ☐

B) Sie entschuldigen sich unter irgendeinem Vorwand und bleiben daheim. B) ☐

C) Sie gehen mit und lassen sich von den schiefen Blicken der Passanten nicht beeindrucken. C) ☐

13 Sie sehen, wie einige Jugendliche ein Auto stehlen wollen.

A) Sie kümmern sich nicht darum. A) ☐
B) Sie springen auf die Motorhaube, um sie aufzuhalten. B) ☐
C) Sie verständigen die Polizei. C) ☐

14 Bei einem Restaurantbesuch mit Freunden haben Sie sich fest vorgenommen, heute abstinent zu bleiben. Natürlich bekommen Sie so manche sarkastische Bemerkung zu hören.

A) Sie geben auf und steigen voll in das Gelage ein. A) ☐
B) Sie erklären, daß Alkohol gesundheitsschädlich ist. B) ☐
C) Sie trinken ein oder zwei Bier, um Ihre Ruhe zu haben. C) ☐

15 Soeben wurde eine neue Marsrakete erfunden, die allerdings noch nicht ausreichend getestet wurde. Man bietet Ihnen an, sofort damit zu unserem Nachbarplaneten loszufliegen.

A) Sie treten unverzüglich an. A) ☐
B) Sie weigern sich. B) ☐
C) Sie fragen, ob als Ziel auch der Mond in Frage käme. C) ☐

16 Die Routineuntersuchung beim Zahnarzt droht sich an. Sie wissen genau, daß Sie diesmal um eine intensive Behandlung nicht herumkommen werden.

A) Sie ziehen den Termin so lange wie möglich hinaus. A) ☐
B) Sie bitten um einen früheren Termin. B) ☐
C) Sie versäumen den Termin, gehen aber hin, als die Sprechstundenhilfe deswegen bei Ihnen anruft. C) ☐

17 Eines unserer Nachbarländer erklärt uns den Krieg.

A) Sie melden sich freiwillig, um Ihr Vaterland zu verteidigen. A) ☐
B) Sie hoffen, daß der Krieg zuende ist, bevor man Sie einberuft. B) ☐
C) Sie wandern aus. C) ☐

18 Auf einem Spaziergang rutschen Sie aus und ziehen sich eine üble Wunde am Knie zu.

A) Sie binden ein Taschentuch darum und marschieren weiter. A) ☐
B) Sie säubern die Wunde und verbinden sie so gut, wie es den Umständen nach möglich ist. B) ☐
C) Sie humpeln weiter, bis Sie das nächste Krankenhaus erreichen. C) ☐

19 Ein Kollege hat sich geschnitten.

A) Sie holen sofort den Erste-Hilfe-Kasten, um ihn zu verarzten. A) ☐
B) Sie geraten völlig in Panik. B) ☐
C) Sie bitten einen anderen Kollegen, dem Verletzten zu helfen. C) ☐

20 Ein Verwandter benötigt dringend eine Niere. Sie erweisen sich als geeigneter Spender.

A) Sie warten ab, ob sich jemand anders aus der Familie erbarmt. A) ☐
B) Sie willigen ohne Zögern ein, eine Niere zu spenden. B) ☐
C) Sie geraten wegen der Angelegenheit in einen tiefen inneren Konflikt. C) ☐

21   **Auf einem Spaziergang finden Sie eine Katze, die sich einen Lauf gebrochen hat.**

A) Sie nähern sich vorsichtig und bringen das verstörte Tier zum nächsten Tierarzt.   **A)** ☐

B) Sie schienen den Lauf eigenhändig.   **B)** ☐

C) Sie rufen beim Tierschutzverein an.   **C)** ☐

22   **Ein Freund hat Sie auf seinen Geburtstag eingeladen.**
Als große Attraktion steht Bungiespringen auf dem Plan.

A) Sie erklären, daß Sie lieber die Rolle des Fotografen spielen wollen.   **A)** ☐

B) Sie tauchen schon sehr frühzeitig auf, um möglichst oft in den Genuß eines Sprunges zu kommen.   **B)** ☐

C) Sie springen einmal und nie wieder!   **C)** ☐

23   **Sie sind soeben zum zweiten Mal bei der Führerscheinprüfung durchgefallen.**

A) Sie geben es auf, wozu gibt es Busse?   **A)** ☐

B) Sie buchen direkt neue Fahrstunden.   **B)** ☐

C) Sie gönnen sich einige Monate Ruhe und bereiten sich dann erneut auf die Prüfung vor.   **C)** ☐

24   **Ein befreundetes Ehepaar fährt in den Urlaub und bitte Sie, ihren Goldfisch zu füttern.**
Leider überlebt das Tier Ihre Pflege nicht.

A) Sie kaufen einen anderen Goldfisch und hoffen, daß Ihre Freunde es nicht bemerken.   **A)** ☐

B) Sie warten ihre Rückkehr ab und beichten ihnen, was passiert ist.   **B)** ☐

C) Sie hinterlassen eine entsprechende Nachricht und brechen den Kontakt ab.   **C)** ☐

25   **Sie lesen in einer Zeitung, daß für ein sehr wichtiges Medikament Testkandidaten gesucht werden.**

A) Sie melden sich bei der angegebenen Adresse.   **A)** ☐

B) Sie denken, daß nur ein Idiot ein solches Risiko eingehen würde.   **B)** ☐

C) Sie überlegen, wieviel Geld dabei für Sie herausspringen könnte.   **C)** ☐

26   **Welchen der folgenden Berufe finden Sie am schrecklichsten:**

A) Politesse   **A)** ☐

B) Staubsaugervertreter   **B)** ☐

C) Postbeamter   **C)** ☐

27   **Sie haben einen Menschen kennengelernt, zu dem Sie sich sehr hingezogen fühlen.**

A) Sie laden ihn/sie spontan zum Essen ein.   **A)** ☐

B) Sie bitten einen Freund, ihn/sie in Ihrem Auftrag darauf anzusprechen.   **B)** ☐

C) Sie hoffen, daß er/sie genauso empfindet und Sie einlädt.   **C)** ☐

28   **Sie reisen durch Afrika und kommen an einem Landstrich vorbei, wo soeben eine große Naturkatastrophe stattfand. Die Menschen könnten Ihre Hilfe als Mediziner benötigen.**

A) Sie machen einen möglichst großen Bogen um die Gegend.   **A)** ☐

B) Sie organisieren spontan eine Hilfsaktion.   **B)** ☐

C) Sie mieten einen Lastwagen und versorgen die Bevölkerung mit Medikamenten. Danach ziehen Sie weiter Ihres Weges.   **C)** ☐

29 Bei einem Bergspaziergang entdecken Sie einen anderen Touristen, der auf einen schmalen Felsvorsprung geklettert ist und sich nicht mehr traut, ihn zu verlassen.

A) Sie rufen einige andere Touristen herbei, die Sie festhalten sollen, während Sie sich zu dem in Panik Geratenen herunterlassen, um ihm zu helfen. A) ☐

B) Obwohl das Wetter umzuschlagen droht laufen Sie ins Tal zurück, um die Bergwacht zu verständigen. B) ☐

C) Sie reden mit ihm, um ihn zu beruhigen, bis Hilfe kommt. C) ☐

30 Sie verfolgen einen Taschendieb zu einer Baustelle, wo er auf das schwindelerregend hohe Gerüst flüchtet.

A) Sie folgen ihm, ohne auch nur darüber nachzudenken. A) ☐

B) Sie schreien, er möge herunterkommen. B) ☐

C) Sie gehen zur nächsten Telefonzelle, um die Polizei zu verständigen. C) ☐

DENKEN UND HANDELN

Sind Sie ein Mensch der Tat? Oder denken Sie lange nach, bevor Sie handeln? Dieser Test bringt es ans Licht.

1 Auf dem Weg zur Arbeit stecken Sie in einem Verkehrsstau.

A) Sie ärgern sich über die verschwendete Zeit. A) ☐

B) Sie gehen Ihren Tagträumen nach. B) ☐

C) Sie nutzen die Zeit, um den Verlauf des Tages durchzuplanen. C) ☐

2 Wie verbringen Sie einen freien Tag?

A) Ich hetze mich ab um alle Dinge für die ich sonst keine Zeit habe zu erledigen. A) ☐

B) Ich ziehe mich zurück und verbringe den Tag mit Büchern und der Zeitung. B) ☐

C) Ich hänge herum, tue nicht viel und fühle mich gelangweilt. C) ☐

3 Was machen Sie, wenn Sie einen Tag frei haben?

A) Möglichst lange im Bett bleiben. A) ☐

B) Ich stehe um sieben Uhr auf und jogge. B) ☐

C) Ich liege stundenlang im Bett und philosophiere über den Lauf der Welt. C) ☐

4   **Sie sind bei Freunden zum Essen eingeladen. Nach dem Essen ...**

A) helfen Sie beim Abwasch.   A) ☐

B) setzen Sie das Tischgespräch fort.   B) ☐

C) bieten Sie an, beim Abwasch zu helfen, obwohl es Ihnen am liebsten wäre, wenn man Sie damit   C) ☐
in Ruhe ließe.

5   **Wenn Sie auf eine längere Reise mit dem Auto mitgenommen werden...**

A) sehen Sie sich die Gegend an, reden, lesen.   A) ☐

B) lassen Sie sich am liebsten von einem Krimi fesseln.   B) ☐

C) bieten Sie schon nach kurzer Zeit an, das Steuer zu übernehmen.   C) ☐

6   **Was machen Sie vor Ihrem Urlaub?**

A) Ich verbringe die letzten Tage mit den üblichen Urlaubsvorbereitungen.   A) ☐

B) Ich starre eine Woche lang die gepackten Koffer an.   B) ☐

C) Ich warte bis zur letzten Minute, bevor ich das Notwendigste in meine Reisetasche stopfe.   C) ☐

7   **Was machen Sie abends?**

A) Ich erledige längst fällige Telefonate, schreibe Briefe und beschäftige mich mit anderen Dingen,   A) ☐
für die man sonst nie Zeit hat.

B) Ich sitze vor dem Fernseher.   B) ☐

C) Ich schlinge mein Abendbrot herunter, bringe die Wohnung in Ordnung und stürze mich   C) ☐
anschließend auf die Zeitung.

8   **Nehmen wir an, Sie würden im siebten Stockwerk wohnen.**

A) Sie nehmen den Aufzug.   A) ☐

B) Sie benutzen die Treppe nur, wenn der Aufzug kaputt ist.   B) ☐

C) Sie benutzen jedesmal die Treppe, weil der Aufzug zu langsam ist.   C) ☐

9   **Ihr Chef bittet Sie telefonisch, eine Arbeit auszuführen, die mehrere Stunden Zeit in Anspruch nimmt.**

A) Sie erledigen sie so bald wie möglich, um den Termin einzuhalten.   A) ☐

B) Sie stürzen sich sofort auf die Arbeit, damit sie lange vor Termin fertig wird.   B) ☐

C) Sie erledigen zuerst das, womit Sie gerade beschäftigt sind, und überlegen genau, wie man die   C) ☐
Arbeit termingerecht ausführen kann.

10 **Jemand schlägt Ihnen vor, einen organisatorischen Posten bei einer Wohltätigkeitsveranstaltung
zu übernehmen.**

A) Sie überlegen es sich gut und diskutieren mit anderen darüber.   A) ☐

B) Sie gehen enthusiastisch auf den Vorschlag ein.   B) ☐

C) Sie erklären, daß Sie für so etwas keine Zeit haben, obwohl das nicht stimmt.   C) ☐

11 **Ihre Freunde wollen eine Gruppenreise zu einer bekannten Sehenswürdigkeit unternehmen,
für die Sie sich schon lange interessiert haben.**

A) Sie machen mit.   A) ☐

B) Sie haben gerade keine sonderlich große Lust, fahren aber trotzdem mit.   B) ☐

C) Sie erklären Ihren Freunden, daß Sie es bevorzugen, allein dorthin zu reisen.   C) ☐

12   **Wen Sie auf einer Party sind ...**

A) unterhalten Sie sich mit jedem, der Sie anspricht.   **A)** ☐

B) stehen Sie hinter dem Zapfhahn.   **B)** ☐

C) amüsieren Sie sich bis in den frühen Morgen mit Tanz, Flirts und Drinks.   **C)** ☐

13   **Wenn Sie zwischen zwei Terminen noch ein wenig Zeit übrig haben ...**

A) macht Sie das nervös.   **A)** ☐

B) kommt bei Ihnen schnell Langeweile auf.   **B)** ☐

C) freuen Sie sich, weil Sie sich endlich mal ein wenig entspannen können.   **C)** ☐

14   **In die Wohnung nebenan zieht ein neuer Mieter ein.**

A) Sie laden ihn zu einem Begrüßungsschluck ein und bieten Ihre Hilfe beim Auspacken der Kartons an.   **A)** ☐

B) Sie bieten Ihre Hilfe erst an, wenn Sie sicher sind, daß man Sie nicht mehr benötigt.   **B)** ☐

C) Sie beobachten, wie der Umzug vorangeht.   **C)** ☐

15   **Wann fühlen Sie sich am wohlsten?**

A) Wenn Sie nichts zu tun haben.   **A)** ☐

B) Wenn Sie irrsinnig viel zu tun haben.   **B)** ☐

C) Wenn Sie Aufgaben erhalten, die ein hohes Maß an Eigenverantwortung voraussetzen.   **C)** ☐

16   **Wo verbringen Sie am liebsten Ihren Urlaub?**

A) An der See, in einem netten, gemütlichen Hotel.   **A)** ☐

B) Auf einer Tropeninsel mitten in der Karibik.   **B)** ☐

C) Im Dschungel oder 30 Meter unter dem Ozean Hauptsache Abenteuer!   **C)** ☐

17   **Sie und ein Kollege erhalten zur selben Zeit nahezu identische Aufträge.**

A) Sie bemühen sich, früher fertig zu sein als Ihr Kollege.   **A)** ☐

B) Sie legen eine unbezahlte Nachtschicht ein, um schneller fertig zu werden.   **B)** ☐

C) Sie werden mehr oder weniger zur selben Zeit fertig wie Ihr Kollege.   **C)** ☐

18   **An einem Feiertag ...**

A) fühlen Sie sich angeödet.   **A)** ☐

B) lassen Sie es sich einmal richtig gutgehen.   **B)** ☐

C) verlassen Sie nach einer Weile das Haus, weil Sie es nicht mehr aushalten.   **C)** ☐

19   **Wenn Sie eine Aufgabe zuendegebracht haben ....**

A) fangen Sie an, sich allmählich mit der nächsten zu befassen.   **A)** ☐

B) stürzen Sie sich auf die nächste.   **B)** ☐

C) warten Sie, bis man Ihnen sagt, was Sie als nächstes tun sollen.   **C)** ☐

20   **Wenn Sie bemerken, daß jemand schlechte Arbeit leistet ...**

A) interessiert Sie das nicht weiter.   **A)** ☐

B) bieten Sie ihm Ihre Hilfe an.   **B)** ☐

C) zeigen Sie ihm kopfschüttelnd, wie es richtig gemacht wird.   **C)** ☐

21 **Was regt Sie am meisten auf:**

A) Wenn ein Mitarbeiter es eilig hat und deshalb Fehler macht. A) ☐

B) Wenn sich ein Mitarbeiter viel Zeit läßt, um alles möglichst perfekt hinzubekommen. B) ☐

C) Wenn sich ein Mitarbeiter vor der Arbeit drückt. C) ☐

22 **Was würden Sie bevorzugen:**

A) Kreuzworträtsel lösen. A) ☐

B) Zum Essen ausgehen. B) ☐

C) Wandern. C) ☐

23 **Wenn Sie mit anderen eine Wanderung unternehmen und einen steilen Berg erreichen, auf dem ein hochinteressantes Baudenkmal steht ....**

A) bleiben Sie am Fuß des Berges stehen, während die anderen hinaufkraxeln. A) ☐

B) sind Sie der erste, der oben steht. B) ☐

C) legen Sie sich ins Gras, bis die anderen zurückkommen. C) ☐

24 **Auf einer Party fragt Sie jemand nach dem Sinn des Lebens. Wie reagieren Sie?**

A) Ich reiche ihm mit einem sarkastischen Lächeln ein bis zum Rand gefülltes Glas. A) ☐

B) Ich wechsle das Thema. B) ☐

C) Ich halte einen längeren, tiefgründigen Monolog. C) ☐

25 **Ein naher Verwandter feiert einen runden Geburtstag. Was machen Sie?**

A) Ich backe ihm einen Kuchen. A) ☐

B) Ich schreibe für ihn ein Gedicht. B) ☐

C) Ich rufe ihn zumindest an. C) ☐

26 **Vor Ihnen liegt ein hektisches Wochenende, an dem Sie eine Menge Dinge erledigen müssen.**

A) Sie erledigen eins nach dem anderen. A) ☐

B) Sie stürzen sich auf drei Dinge gleichzeitig und schaffen es, bereits am Samstag durch zu sein. B) ☐

C) Sie verschieben alles auf das nächste Wochenende, weil das Wetter sich gerade von seiner besten C) ☐
Seite zeigt.

27 **Sie ersticken fast in Arbeit, als jemand Sie bittet, eine Tätigkeit auszuführen, die eine oder zwei Stunden in Anspruch nimmt.**

A) Sie sagen zu, obwohl Sie nicht wissen, wie Sie es schaffen sollen. A) ☐

B) Sie erklären freundlich, daß es leider nicht geht. B) ☐

C) Sie springen sofort ein. C) ☐

28 **Ihr Wohnzimmer muß dringend neu tapeziert werden.**

A) Kein Problem, das machen Sie selbst. A) ☐

B) Sie beauftragen einen Maler. B) ☐

C) Sie schieben die Entscheidung monatelang vor sich hin. C) ☐

29 **Was machen Sie, wenn Ihre Waschmaschine überraschend kaputt geht?**

A) Ich gehe in den Waschsalon. A) ☐

B) Ich wasche alles mit der Hand. B) ☐

C) Ich drücke mehrmals alle Schalter und hoffe, daß sie noch einmal anspringt. C) ☐

FARBANALYSE

Schon seit vielen Jahrhunderten haben wißbegierige Forscher versucht, Systeme zur Persönlichkeitsanalyse zu entwickeln. Die Vielfalt der Methoden ist unüberschaubar, wobei allerdings gesagt werden muß, daß viele auf fehlgeleiteten Vorstellungen von der Funktionsweise unserer Psyche beruhen. Das gilt beispielsweise für die Phrenologie, bei der versucht wurde, das psychologische Profil eines Menschen durch Schädelmessungen zu ergründen. Diese Methode war lange Zeit anerkannt, obwohl sie nie zu nachvollziehbaren Resultaten geführt hat und heute allgemein als Irrweg angesehen wird. Doch sind nach wie vor einige recht unorthodoxe Verfahren im Gebrauch.

Dazu gehört auch die Graphologie, die sich besonders in Frankreich durchgesetzt hat, wo auch eine Menge Grundlagenforschung zu diesem Thema stattfand. Psychologen kritisieren jedoch häufig die banalen Ansätze dieses Verfahrens. So wird beispielsweise behauptet, eine nach rechts geneigte Handschrift lasse auf Durchsetzungsvermögen und ein ausgeprägtes Selbstbewußtsein schließen, eine Neigung nach links dagegen auf Schüchternheit. Die Graphologen berufen sich dabei auf empirische Studien, deren Aussagekraft jedoch von viele Psychologen angezweifelt wird.

Womit sich die Frage stellt, ob es andere unorthodoxe Systeme der Persönlichkeitsanalyse gibt, die besser fundiert sind? Viele Wissenschaftler gehen heute davon aus, daß die Bevorzugung bestimmter Farben Rückschlüsse auf die Persönlichkeit eröffnet. Tatsächlich kann es als wissenschaftlich erwiesen gelten, daß Farben uns in großem Maße beeinflussen. Wenn Sie die Farbbilder auf den folgenden Seiten betrachten, werden Sie schnell feststellen, daß ein Raum einen ganz anderen Eindruck erweckt, wenn man lediglich die Farbgebung der Möbel und Wände verändert. So verwandelt sich ein Wärme und Gemütlichkeit vermittelndes Bild in eines, das wir als kalt und deprimierend empfinden obwohl sich am Raum selbst eigentlich nichts verändert hat.

Dieser Effekt wird erzielt, indem man die Farben vom roten Bereich des Spektrums in den blauen verschiebt.

Diese Reaktion auf subtile Farbverschiebungen wird häufig zur Manipulation unseres Verhaltens eingesetzt. Beispielsweise verwendet man in Metzgereien Lampen, deren Licht einen rosafarbenen Stich aufweist, während in einem Gemüseladen ein leicht grünlich gefärbtes Licht für ein appetitlicheres Aussehen der Produkte sorgt.

Diese Beispiele sagen natürlich nichts darüber aus, ob sich aus den von uns bevorzugten Farben Rückschlüsse auf unser Verhalten ziehen lassen. Zum Teil werden unsere Vorlieben durch das gesellschaftliche Umfeld geprägt, in dem wir aufwachsen. So betrachten Menschen der westlichen Hemisphäre die Farbe Weiß als Symbol für Reinheit und Unbeflecktheit. In Asien gilt Weiß jedoch als Symbol der Trauer und des Todes. In gleicher Weise assoziieren wir bestimmte Farben mit politischen und weltanschaulichen Systemen: Rot steht für den Kommunismus, grün für den Islam. Die Kombination aus Rot, Weiß und Blau erfüllt nicht nur Franzosen, sondern auch Amerikaner und Briten mit Nationalstolz.

Ich habe bereits die subtilen Einflüsse erwähnt, die Farben auf unser Verhalten ausüben. Daß eine solche Manipulation existiert, steht selbst für Skeptiker außer Frage. Nur teilen sich die Meinungen, in welchem Ausmaß sich Menschen durch Farben beeinflussen lassen. So ist die Ansicht, man könne die Stimmung eines Menschen durch die Farben in seiner Umgebung steuern, äußerst umstritten. Manche Befürworter dieser Theorie behaupten so-

Dieser warm und einladend wirkende Raum ist in Farben gehalten, die aus dem roten Bereich des Spektrums stammen.

gar, daß sich jugendliche Straftäter in einer pink-farbenen Umgebung in lammfromme Jugendliche verwandeln.

Die bekannte britische Farbtherapeutin Joy Peach hat mir einmal erklärt, daß selbst die Farbe der Kleidung dramatische Einflüsse auf unser Verhalten hat. So seltsam es klingen mag, man muß bei einer Besprechung nicht unbedingt in einem schreiend roten Sakko auftauchen, um sein Selbst-bewußtsein zu stärken – es reicht vollkommen aus, Unterwäsche in dieser Farbe zu tragen! Joy meint, daß uns eine knallrote Unterhose das Durch-setzungsvermögen verschaffen kann, das man zum erfolgreichen Abschluß einer schwierigen Ge-schäftsbesprechung benötigt.

Diese Methode funktioniert auch, wenn Sie sie bei anderen Menschen anwenden. Beispielsweise vermittelten Sie mit einem Brief Ruhe und Frieden, wenn Sie ihn auf blauem Papier niederschreiben. Wollen Sie dagegen Intellektualität vermitteln, sollten Sie gelbes Papier verwenden. Wenn Sie sich am Ende eines harten Tages abgespannt fühlen, sollten Sie eine Lampe einschalten, die ein orange getöntes Licht produziert. Ob es wirklich funk-tioniert? Nun, ich selbst habe mit dieser Methode noch keine großen Erfolge verzeichnen können. Aber es kann nicht schaden, wenn Sie einige Ex-perimente mit Farben anstellen, um ihre Aus-wirkungen auf Ihr Gefühlsleben zu überprüfen.

Dieser kalt wirkende Raum ist in Farben gehalten, die aus dem blauen Bereich des Spektrums stammen.

IHRE LIEBLINGSFARBEN

Unsere Reaktionen auf Farben sind sehr komplex. Wissenschaftler wie Hermann Rorschach und Max Luscher haben versucht, einen Zusammenhang zwischen Persönlichkeitsstrukturen und der Bevorzugung oder Ablehnung bestimmter Farben herzustellen. Wenn man einen Menschen nach seiner Lieblingsfarbe fragt, wird er in den meisten Fällen eine der Primärfarben nennen; meistens Rot oder Blau. Ist jemand dagegen auf grau, schwarz oder weiß fixiert, dann könnte dies möglicherweise ein Symptom einer psychischen Störung sein. Mit den folgenden Farbtests erhalten Sie tiefe Einblicke in Ihre Psyche.

Zunächst wollen wir klären, welche Farben Sie besonders mögen und welche Sie ablehnen. Betrachten Sie dazu die unten abgebildeten Farbmuster. Wählen Sie zunächst Ihre Lieblingsfarbe aus und anschließend die Farbe, die Ihnen am wenigsten zusagt. Treffen Sie die Entscheidung instinktiv und lassen Sie sich nicht von Ihrem Verstand lenken, indem Sie überlegen, welche Farbe Ihr Auto oder Ihr Wohnzimmerteppich hat. Sie sollten sich mit der Auswahl nicht länger als 30 Sekunden beschäftigen. Anschließend können Sie die Kommentare zu den von Ihnen ausgewählten Farben lesen.

KOMMENTARE

ROT

MAG ICH AM LIEBSTEN

Wer Rot bevorzugt ist extrovertiert, glücklich, impulsiv und sexuell aktiv. Eine kraftvolle Persönlichkeit, die aus sich heraus geht und voller Lebensfreude steckt. Aber auch eine Führungspersönlichkeit, die zum Despotischen neigen kann und ihre Ziele rücksichtslos verfolgt. Rot ist bekanntlich auch die Farbe unseres Blutes und damit ein Symbol für Gefahr. Ein Mangel an emotionaler Kontrolle ist nicht auszuschließen.

MAG ICH AM WENIGSTEN

Wenn ein Mensch diese Farbe gar nicht mag, liegt im mindesten Fall ein großes Maß an Frustration und Unzufriedenheit mit dem Leben vor. Im Extremfall kapselt sich ein solcher Mensch von der Gesellschaft ab. Es gibt wenige Menschen, die Rot nicht mögen.

ORANGE

MAG ICH AM LIEBSTEN

Diese Farbe wird entweder gehaßt oder geliebt gleichgültig ist sie niemandem! Wer Orange mag, neigt zur Freundlichkeit und ist kontaktfreudig. Glückliche, extrovertierte Menschen fühlen sich häufig zur Farbe Orange hingezogen. Auf der anderen Seite beißt sich diese Farbe mit vielen anderen Tönen. Menschen, die Orange bevorzugen, sind häufig Individualisten, die Schulweisheiten ablehnen und auf eigene Faust versuchen, die Welt zu ergründen. Doch sind sie auch für ihre Wutausbrüche bekannt, mit denen sie ihre emotionale Energie abbauen.

MAG ICH AM WENIGSTEN

Wer Orange ablehnt, ist ein sehr nüchtern denkender Mensch, der dazu neigt, Fröhlichkeit als Mangel an Selbstdisziplin zu betrachten. Was letztlich den Verdacht erweckt, daß ein Hang zu Selbstzweifeln bestehen könnte.

GELB

MAG ICH AM LIEBSTEN

Menschen reagieren sehr unterschiedlich auf diese Farbe. Viele fühlen sich bei ihrem Anblick an die Wärme des Sonnenlichts erinnert. In der Farbenpsychologie steht Gelb für die intellektuellen Qualitäten und als Indikator für Intelligenz. Seltsamerweise scheint Gelb aber auch die bevorzugte Farbe geistig behinderter Menschen zu sein. Im allgemeinen gelten Menschen, die Gelb lieben, als ausgezeichnete Redner und stehen oft im Mittelpunkt, da sie dominante Persönlichkeiten sind.

MAG ICH AM WENIGSTEN

Wer Gelb haßt, neigt zur Engstirnigkeit und Pedanterie. Doch gibt es erstaunlich viele Menschen, die diese Farbe nicht mögen und trotzdem ein anderes Persönlichkeitsbild aufweisen.

GRÜN

MAG ICH AM LIEBSTEN

Natürlich assoziieren wir Grün hauptsächlich mit der Pflanzenwelt und sehen die Farbe als Symbol der Erneuerung und des Wachstums an. Wer Grün liebt, ist ausgeglichen und konservativ. Dabei besteht ein Hang zur Genußsucht und das Bedürfnis, in Harmonie mit dem Umfeld zu leben. Eine häusliche Persönlichkeit und ein zuverlässiger, loyaler Mitarbeiter.

MAG ICH AM WENIGSTEN
Ein Zeichen für eine extrem konventionelle Lebensführung, wobei die Vorzüge der Menschen, die Grün lieben, exakt ins Gegenteil umgekehrt werden. Dies führt oft zu Isolation und Einsamkeit, aber auch zu einer tiefen Abneigung gegen ungewohnte Veränderungen. Das jemand Grün vor Neid wird, kennzeichnet die Verbindung der Farbe mit dieser Untugend.

BLAU

MAG ICH AM LIEBSTEN
Blau ist die Farbe des Konservativen, der Zuverlässigkeit, der sozialen Sicherheit. Ihre Anhänger gelten als erfolgreich und gehören meist der oberen Mittelschicht an. Politisch betrachtet steht Blau für Rechtsliberalität Revolutionäre werden sich nicht zu dieser Farbe hingezogen fühlen. Dasselbe gilt für innovative Menschen. Die Liebe zu Blau wird als Geheimnis im Herzen bewahrt tiefschürfende Bekenntnisse darf man von diesen Menschen nicht erwarten. Der Vorwurf aalglatt zu sein ist in vielen Fällen berechtigt.

MAG ICH AM WENIGSTEN
Die Abneigung gegen diese Farbe basiert häufig auf der instinktiven Ablehnung ihrer Anhänger. Wer Blau nicht mag, stört sich an deren Kälte und ihrem aalglatten Verhalten. Zu dieser Gruppe gehören viele introvertierte Menschen mit Kontaktschwierigkeiten.

PURPUR

MAG ICH AM LIEBSTEN
Wer diese Farbe mag, putzt sich gern heraus. Die Gewänder der römischen Imperatoren waren in dieser kostbaren Naturfarbe gehalten, wegen der blutige Kriege geführt wurden. Heute gilt Purpur als extravagant, aber es gab Zeiten, in denen die Verwendung von purpurfarbener Tinte auf lavendelfarbenem Papier die Tugend der Besonnenheit zum Ausdruck brachte. Wer heute diese Farbe favorisiert, lebt mit dem Charisma des extravaganten Außenseiters. Dahinter verbirgt sich jedoch häufig eine große innere Unsicherheit.

MAG ICH AM WENIGSTEN
Subtile Menschen mit ästhetischem Feingefühl lehnen diese Farbe häufig ab, insbesondere bei ihrer Kleidung und beim Make-up. Der Garten ist vermutlich der einzige Ort, wo Purpur geduldet wird, da man der Natur schlechterdings keine Extravaganz vorwerfen kann.

BRAUN

MAG ICH AM LIEBSTEN
Etwas langweilig, ja? Bodenständig und ehrlich, das sind die besten Eigenschaften der Anhänger dieser Farbe. Einen Überschuß an Esprit oder geistige Höhenflüge kann man ihnen nun wirklich nicht vorwerfen. Es ist noch gar nicht so lange her, da durften Türen jede Farbe haben, Hauptsache sie waren braun! Die Farbe der Langeweile ist auch die der Erde, des Düngers. Sie verkörpert deshalb Wachstum und die natürliche Ordnung.

MAG ICH AM WENIGSTEN
Braun nicht zu mögen, das ist eine Sache. Aber wer kann eine Farbe hassen, die so langweilig ist? Wer sich dazu zählt, ist möglicherweise von Zweifeln geplagt, ob seine Persönlichkeit wirklich in den Farben schillert, die er zu lieben vorgibt.

SCHWARZ

MAG ICH AM LIEBSTEN

Jetzt wird es wirklich interessant: Zwar steht Schwarz in unserem Kulturkreis für den Tod, ist aus psychologischer Sicht aber wiederum mit Abenteuer und Romantik verknüpft. Viele sehen in dieser Farbe ein Symbol innerer Erkenntnis und Gereiftheit. Über die kultische Bedeutung der schwarzen Lederjacke sind zahllose Fachartikel verfaßt worden und für die Anhänger vieler Jugendbewegungen steht Schwarz als Symbol für Sex und Antiestablishment.

MAG ICH AM WENIGSTEN

Oft begründet sich die Ablehnung nur auf der Tatsache, daß Schwarz als Symbol für Trauer angesehen wird. In Extremfällen beruht sie jedoch auf einer sehr ausgeprägten Phobie.

WEISS

MAG ICH AM LIEBSTEN

Weiß repräsentiert Reinheit, aber auch das Fehlen emotionaler Wärme. Es kann aber auch Macht und Status zum Ausdruck bringen, wenn wir beispielsweise an weiße Autos denken.

MAG ICH AM WENIGSTEN

Es gibt nur wenige Menschen, die Weiß bevorzugen, da die Farbe kalt und emotionslos wirkt. So positiv man Attribute wie Unschuld, Unbeflecktheit und Sauberkeit auch sehen mag, sie stehen bei kaum jemandem an erster Stelle auf der Werteskala.

Zusammenfassung der Eigenschaften, die wir mit bestimmten Farben assoziieren:

ROT:	BLAU:
Temperamentvoll	Zurückhaltend
Extrovertiert	Bodenständig
Energisch	Reserviert
Enthusiastisch	Selbstzweifelnd
Angespannt	Empfindlich

GELB:	PURPUR:
Direkt	Detailbewußt
Zuversichtlich	Eitel
Selbstbewußt	Planend
Diszipliniert	Radikal

GRÜN:	ORANGE:
Flexibel	Kontaktfreudig
Realistisch	Unverbindlich
Konventionell	Extrovertiert
Entspannt	Radikal

BRAUN:	SCHWARZ:
Vorsichtig	Außenstehend
Vertrauensvoll	Unkontrolliert
Ruhig	
	WEISS:
Zurückhaltend	Praktisch veranlagt

EINE FALLSTUDIE

Wir haben den Farbtest an einer Gruppe von Personen durchgeführt, von denen zuvor ein psychologisches Persönlichkeitsprofil angefertigt worden war. So kann verglichen werden, ob Menschen mit ähnlichen Persönlichkeitszügen auch dieselben Farben bevorzugen.

Der Test wurde an einer Gruppe von 5649 Menschen durchgeführt, die einen repräsentativen Querschnitt durch die Bevölkerung darstellen. Für den Farbtest haben wir jedoch nur eine Teilgruppe von 20 Prozent ausgewählt, bei denen bestimmte Charakterzüge besonders ausgeprägt waren. Diese Gruppe wurde als Gruppe mit signifikanten Ergebnissen bezeichnet. Den Kandidaten haben wir Farbmuster vorgelegt (rot, orange, blau, grün, gelb, purpur, braun, schwarz und weiß) und sie gebeten, die drei persönlichen Lieblingsfarben sowie diejenige herauszusuchen, die sie am wenigsten mögen. Die Ergebnisse sind auf den folgenden Seiten abgedruckt.

DIE 3 LIEBLINGSFARBEN
(VON INSGES. 100 KANDIDATEN)

1. PLATZ		2. PLATZ		3. PLATZ	
Rot	39	Grün	23	Purpur	27
Blau	31	Rot	19	Orange	25
Grün	19	Blau	17	Gelb	23
Gelb	5	Purpur	13	Grün	17
Orange	3	Orange	13	Blau	8
Purpur	3	Gelb	12		
Schwarz	3				

PERSÖNLICHKEITSZÜGE UND BEVORZUGTE FARBEN

Persönlichkeitszug	Anzahl der Kandidaten	Rot	Blau	Grün	Gelb	Orange	Purpur
angespannt	35	24	4	1	3	2	1
energisch	34	18	5	3	3	2	3
vertrauensvoll	25	5	13	5	2	0	3
radikal	19	13	0	0	1	2	3
diszipliniert	18	6	5	3	4	0	0

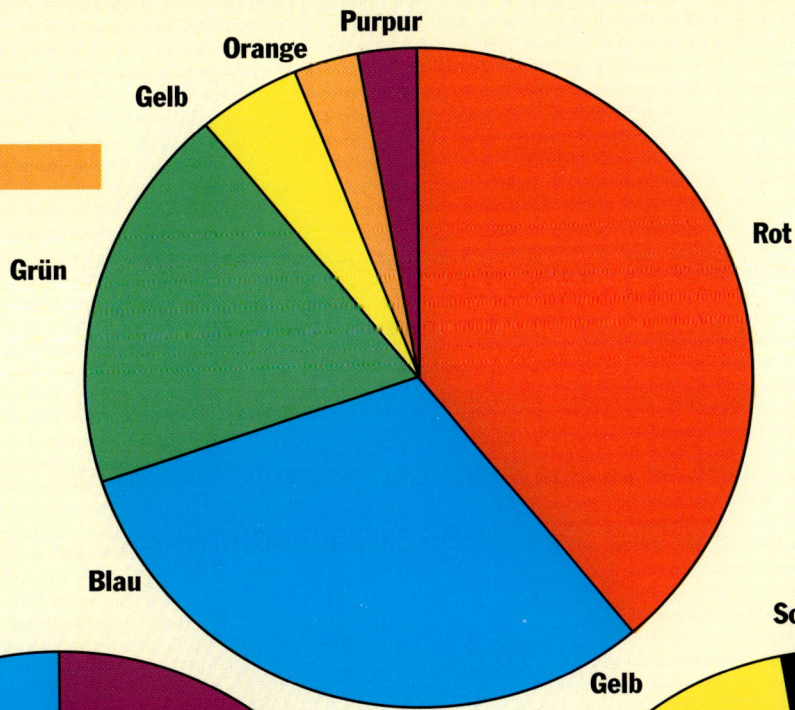

1. PLATZ

2. PLATZ

3. PLATZ

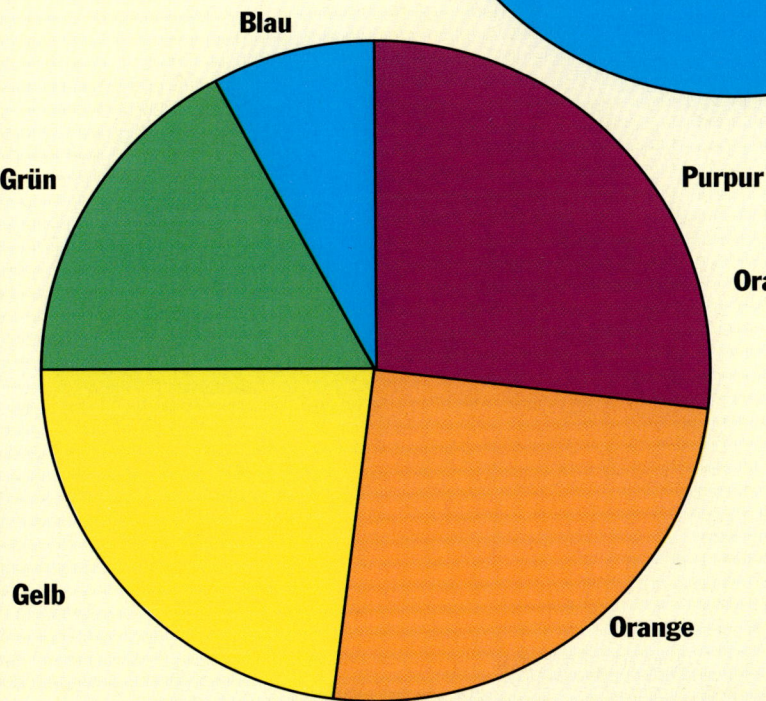

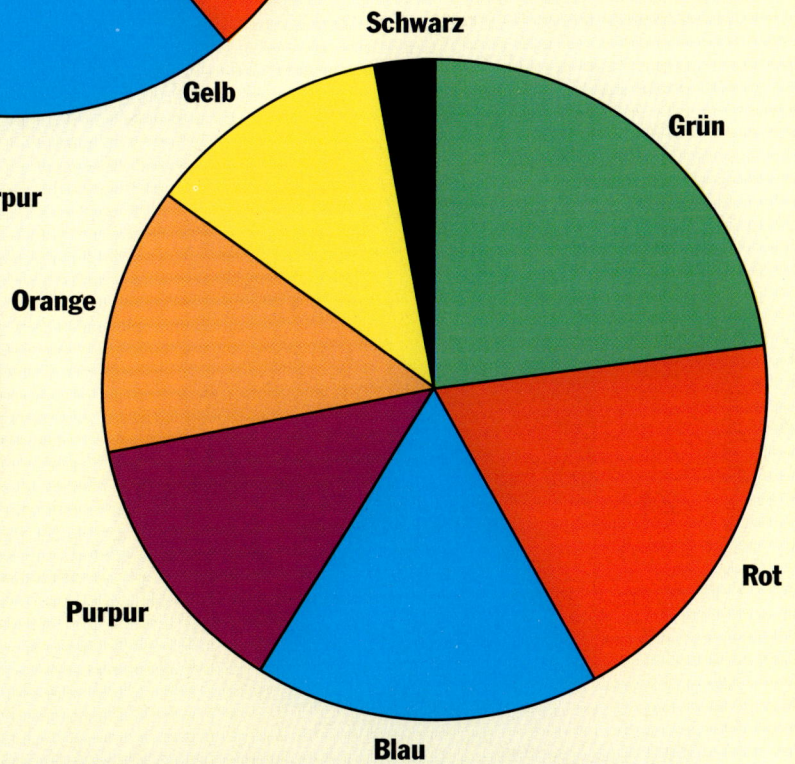

% der Kandidaten mit signifikanten Persönlichkeitszügen bezüglich der am stärksten bevorzugten Farbe

	ungespannt	Energisch	Vertrauensvoll	Radikal	Diszipliniert
Rot	62	46	13	33	15
Blau	13	16	42	0	16
Grün	5	16	26	0	16
Gelb	60	60	40	20	80
Orange	67	67	0	67	0
Purpur	33	100	0	100	0

Die untenstehende Grafik zeigt die Anzahl von Kandidaten, die signifikante Persönlichkeitszüge aufweisen, in Relation zur bevorzugten Farbe. Auffällig ist die Dominanz der Personen, die Rot als erste Lieblingsfarbe gewählt haben. Das zeigt, wie sehr die Beliebtheit dieser Farbe die Antwort auf die Frage erschwert, ob es eine Beziehung zwischen bestimmten Persönlichkeitszügen und Farben gibt. Zudem kann eine Auswahlgruppe von 100 Menschen natürlich nicht die gesamte Bevölkerung repräsentieren.

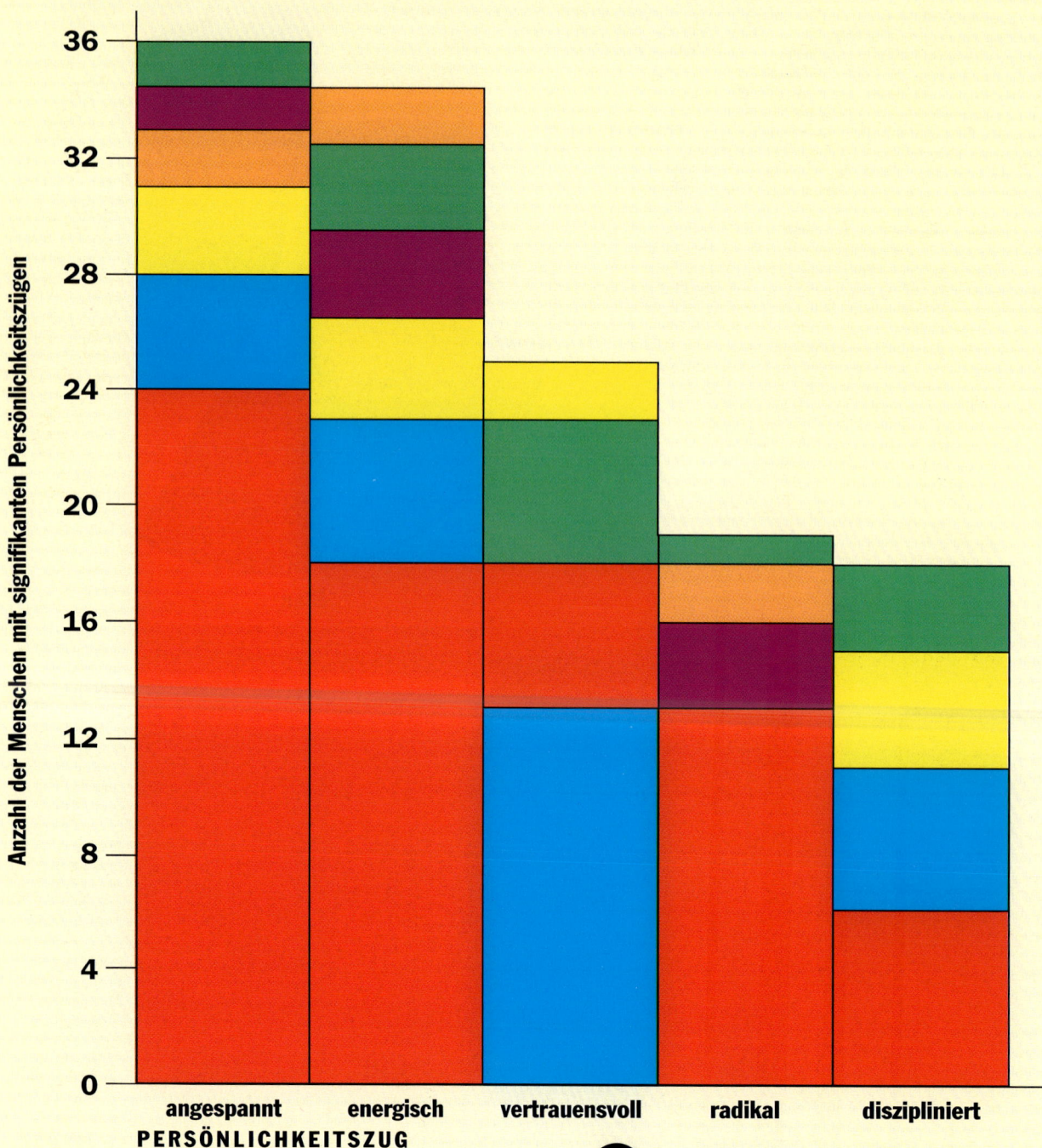

Insgesamt wurde Rot von 24 Teilnehmern des Tests als erste Lieblingsfarbe genannt, die gleichzeitig den Persönlichkeitszug angespannt aufweisen. Das sind 69 Prozent aller 39 Teilnehmer, die sich für Rot entschieden haben, womit angenommen werden kann, daß ständig unter Streß stehende Menschen diese Farbe bevorzugen werden. Das gilt in schwächerem Maße auch für energische und radikale Persönlichkeiten. Weitaus weniger populär ist diese Farbe dagegen bei Menschen, die ausgesprochen vertrauensvoll oder diszipliniert sind.

Obwohl die Verteilung bei den angespannten, energischen und disziplinierten Persönlichkeiten mit einer Vorliebe für Blau annähernd gleich ist, liegt der Schwerpunkt hier bei vertrauensvoll konventionell. Auffällig ist auch die Absenz radikaler Züge.

LIEBLINGSFARBE ROT   LIEBLINGSFARBE BLAU

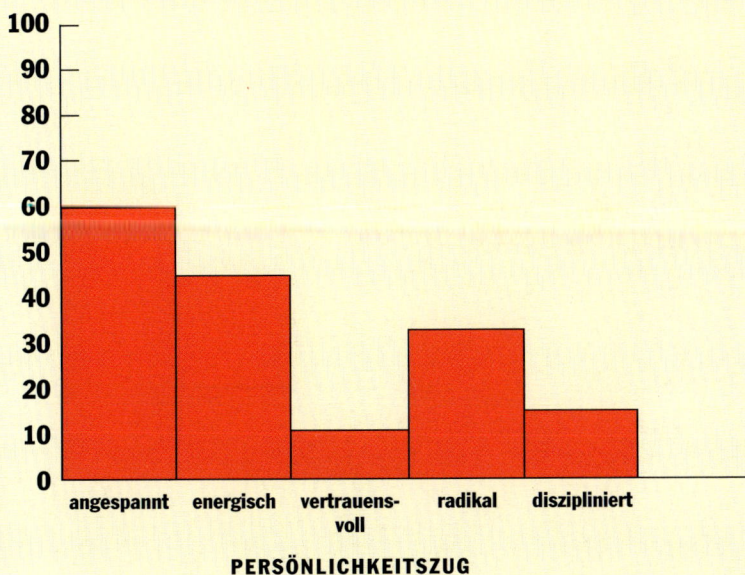

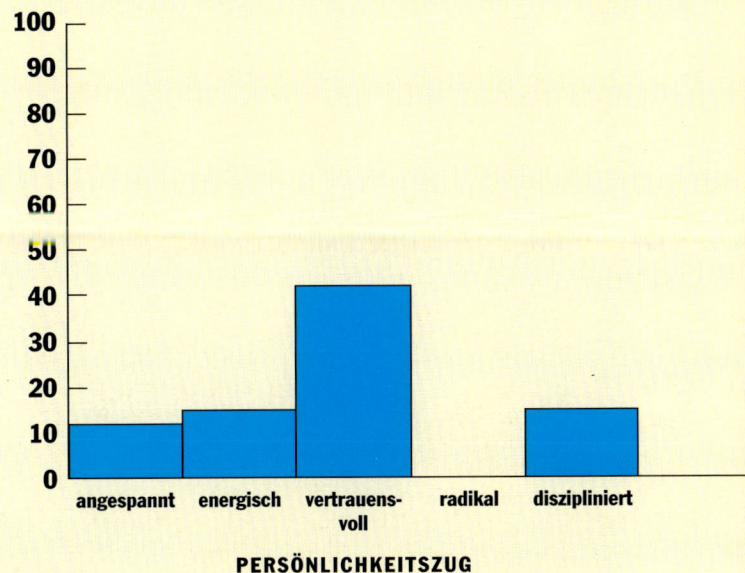

FARBANALYSE

Grün war bei unseren Kandidaten die unpopulärste Farbe. Am häufigsten wurde sie von jenen genannt, die den Persönlichkeitszug vertrauensvoll aufweisen, in geringerem Maße auch bei den Eigenschaften energisch und diszipliniert. Bei angespannten Menschen scheint sie weit hinten zu rangieren.

Die gelben, orangen und purpurfarbenen Diagramme scheinen rundum positive Charaktere auszuweisen, wobei die Anhänger der Farbe Gelb sowohl extrem diszipliniert, als auch energisch und angespannt sind, aber dafür nur sehr geringe Neigung zum radikalen Verhalten zeigen. Neben denjenigen, die Rot den Vorzug gaben, weisen auch diese Kandidaten mehrere stark ausgeprägte Persönlichkeitszüge auf, was möglicherweise wieder für psychische Ausgeglichenheit sorgt.

LIEBLINGSFARBE GRÜN

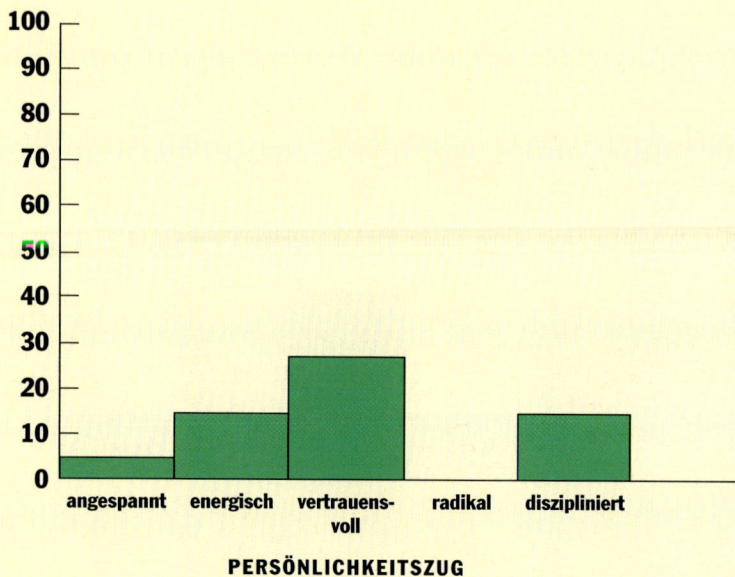

LIEBLINGSFARBE GELB

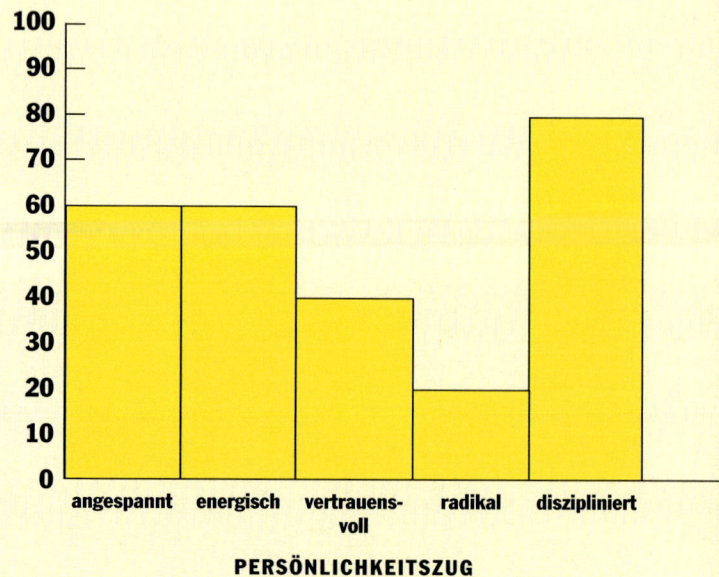

Anhänger der Farbe Orange neigen eher dazu, angespannt, energisch oder radikal zu sein. Damit scheinen sie den Komplementärtyp zum Blau-Menschen darzustellen. Insgesamt sollte man diese Farbe meiden, wenn man einen seriösen Eindruck hinterlassen will!

Wer Purpur bevorzugt, neigt dazu, sowohl energisch als auch radikal zu sein, was wiederum die Vermutung stützt, daß Radikalität oft mit einem Mangel an Disziplin einhergeht. Das Diagramm zeigt, daß diese Menschen als Gruppe betrachtet die extremsten Werteschwankungen bei den Persönlichkeitszügen aufweisen.

LIEBLINGSFARBE ORANGE   LIEBLINGSFARBE PURPUR

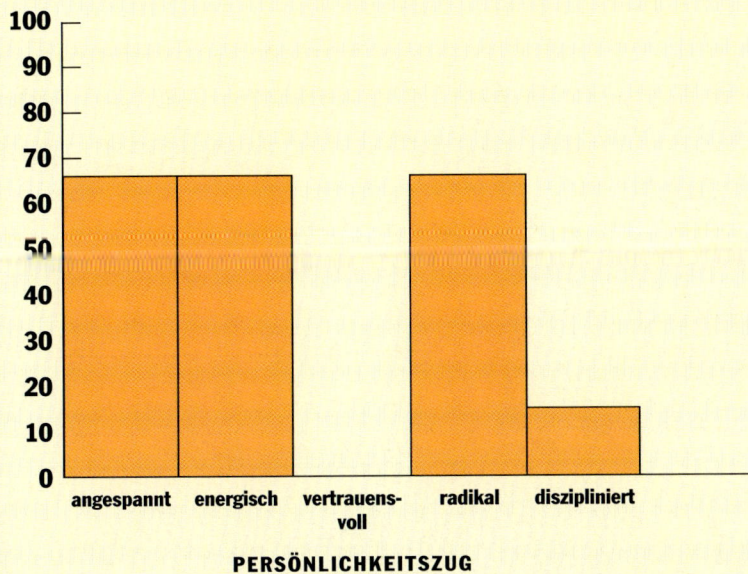

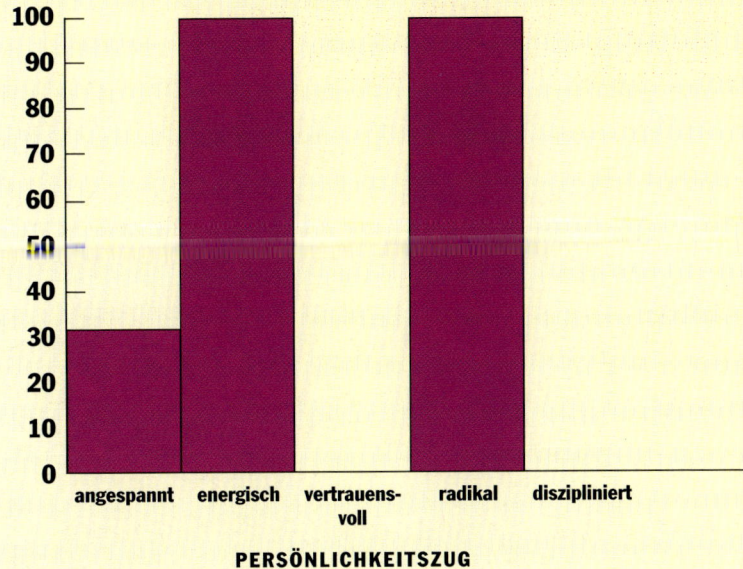

FARBE IN IHREM ALLTAG

Farbmuster auszuwählen führt häufig zu interessanten Erkenntnissen, weshalb man jedoch nicht die Farben außer acht lassen darf, mit denen wir uns tagtäglich umgeben. Dieser Test soll die Bedeutung ergründen, die einzelne Farben in Ihrem Leben spielen. Hier kommen eine ganze Reihe unterbewußter Einflüsse ins Spiel, und deshalb werde ich Sie mit einer Auswahl hypothetischer Situationen konfrontieren, bei denen es keine richtige oder falsche Reaktion gibt.

1   Schauen Sie einmal in Ihren Kleiderschrank gibt es eine Farbe, die ausgesprochen häufig vorkommt? _____

2   Welche Farbe hat die Kleidung, die Sie bei der Arbeit tragen? Falls Sie Arbeitskleidung benutzen, bezieht sich die Frage auf die Sachen, die Sie auf dem Weg zur Arbeit tragen. _____

3   Welche Farben bevorzugen Sie in Ihrer Freizeit? _____

4   Welche Farben würden Sie auf einer richtig schicken Cocktailparty bevorzugen? _____

5   Sie gehen zu einem Rendezvous und hoffen dort Ihren zukünftigen Lebenspartner zu finden. Welche Farbe tragen Sie? _____

6   Sie heiraten, aber Sie (oder Ihre Partnerin, falls Sie ein Mann sind) wollen kein weißes Kleid tragen. Welche Farbe käme in Frage? _____

7   Wenn es nur allein um die Farben geht, welche Jahreszeit würden Sie dann bevorzugen? _____

8   Sie kaufen ein neues Auto, welche Farbe hat es? _____

9   Sie planen Ihre Haustür neu zu streichen. Welche Farbe wählen Sie? _____

10   Sie renovieren Ihr Wohnzimmer. Welche Farbe wählen Sie für den Teppich? _____

11   Sie renovieren Ihr Schlafzimmer. Welche Farbe wählen Sie für die Wände?   _____

12   Sie kaufen neue Bettwäsche. In welcher Farbe?   _____

13   Kommt es vor, daß Sie eine andere Farbgebung wählen, wenn Sie ein Zimmer
neu tapezieren oder streichen müssen?   _____

14   Stellen Sie sich vor, es ist Sommer und sie pflücken im Garten Blumen
für einen richtig schönen Strauß. Welche Farben wählen Sie?   _____

15   Wie bevorzugen Sie Ihren Weihnachtsbaum
bunt oder ganz traditionell in Silber?   _____

16   Sie schreiben einen Science-Fiction-Roman, der auf einem fremden Planeten spielt.
Welche Farbe würden Sie für den Himmel wählen?   _____

17   Gibt es eine Farbe, die Sie als besonders beruhigend empfinden?   _____

18   Haben Sie ein Lieblingsbild? Welche Farbe kommt darauf am häufigsten vor?   _____

19   Stellen Sie sich vor, Sie wären ein Maler.
Welche Farbe würden Sie in Ihren Bildern bevorzugen?   _____

20   Wenn Sie auf eine Farbe für den Rest Ihres Lebens verzichten müßten,
welche wäre es?   _____

21   Ein totalitäres Regime schreibt seinem Volk vor, nur noch Kleidung in einer
bestimmten Farbe zu tragen. Welche würden Sie wählen?   _____

22   Versuchen Sie, jedem Tag der Woche eine Farbe zuzuordnen.

Montag   _____   Freitag   _____

Dienstag   _____   Samstag   _____

Mittwoch   _____   Sonntag   _____

Donnerstag   _____

23   Sie gründen eine neue politische Partei.
Welche Farben würden Sie für das Logo auswählen?   _____

24   Sie sterben und kommen in den Himmel. Welche Farben bevorzugt man dort?   _____

KOMMENTAR

Die meisten Menschen umgeben sich mit einer ziemlich berechenbaren Auswahl von Farben, die sich nur verändert, wenn es in ihrem Leben bedeutende Veränderungen gibt. Die vorhergehenden Fragen sollten Sie zu einer möglichst vielseitigen Farbwahl inspirieren. Mit hoher Wahrscheinlichkeit haben Sie sich jedoch auf eine recht kleine Palette beschränkt, die sich aus Ihren Lieblingsfarben zusammensetzt.

Erkenntnisse über die Lieblingsfarben lassen sich recht treffsicher durch die Aufgabe erzielen, jeder Jahreszeit eine oder mehrere Farben zuzuordnen. Es wird Menschen geben, die den Frühling (Gelb, Grün) bevorzugen, bei anderen sind es dagegen die Farben des Sommers (Blau, kräftiges Rot, Orange), während wieder andere die gedeckten Herbsttöne (Braun, Dunkelrot, Gold) lieben und manche die dunklen Farben des Winters (Grau, Dunkelbraun, Schwarz).

Überlegen Sie einmal, ob es wirklich einen Zusammenhang zwischen Ihrem Gefühlsleben und den Farben der Jahreszeiten gibt. Frühlingsmenschen betrachten sich als smart, begeisterungsfähig, glücklich und spontan. Ähnliches läßt sich über Sommermenschen sagen, die aber leidenschaftlicher und weniger intellektuell veranlagt sind. Von beiden Gruppen gibt es subtilere Varianten, die etwas dunklere Farbtöne lieben, was möglicherweise auf einer Unzufriedenheit in privaten oder beruflichen Dingen beruht. Wer die Herbsttöne bevorzugt, wird Stabilität, Vernunft und Verantwortung suchen. Wintermenschen sind seltener und zumeist ernsthaft veranlagte Charaktere. Was natürlich nicht darüber hinweg täuschen darf, daß viele Menschen sich lediglich aus beruflichen Gründen mit winterlichen Tönen umgeben.

Vergleichen Sie Ihre Antworten ruhig einmal mit den Ergebnissen des Farbmustertests. Sind die dort gewählten Farben wirklich repräsentativ für Ihren Alltag? Manchmal paßt eine Farbe wie Rot einfach nicht zu unseren Lebensumständen. Andererseits ist es denkbar, daß Sie unbewußt eine bestimmte Farbe aus Ihrem Leben verbannt haben. Wenn Sie beispielsweise ohne triftigen Grund mit Ihrer Wohnung unzufrieden sind, kann es daran liegen, daß eine Ihrer heimlichen Lieblingsfarben fehlt. Einige Gegenstände in dieser Farbe können hier viel bewirken.

Welche Farbe dominiert Ihr Leben? Was hat es zu bedeuten, wenn es sich dabei nicht um eine Ihrer Lieblingsfarben handelt? Wenn Sie eine grelle Farbe gewählt haben, Ihr Leben jedoch überwiegend zwischen gedeckten Farbtönen verbringen, dann sind Sie vermutlich ein zurückhaltender Mensch, der den Wunsch verspürt, etwas mehr aus sich heraus zu gehen. Wenn Sie im umgekehrten Fall recht farbenfrohe Dekors bevorzugen und Blau zu Ihrer Lieblingsfarbe erklären, wäre es denkbar, daß Sie nach außen hin vorgeben, ein ganz anderer Mensch zu sein.

EFFEKTIVITÄT

Wie effektiv ist Ihre Denkweise? Gehören Sie zu den Menschen, die für alle Eventualitäten vorgeplant haben? Oder mogeln Sie sich in Krisensituationen einfach durch? Dieser Test enthüllt schonungslos die Wahrheit.

1 **Sie erhalten überraschend Gäste, die ziemlich hungrig aussehen.**

A) Kein Problem, Sie haben genug Fertiggerichte im Kühlschrank. **A)** ☐
B) Es dauert doch nur ein paar Minuten, etwas Leckeres vorzubereiten. **B)** ☐
C) Panik bricht aus, aber dann rufen Sie kurzerhand das Pizzataxi. **C)** ☐

2 **Sie treten dem Organisationsteam einer Spendenorganisation bei.**
Bald bemerken Sie, daß dort einiges schief läuft.

A) Sie krempeln die Ärmel hoch und bringen es in Ordnung. **A)** ☐
B) Sie machen einige entsprechende Vorschläge, wie die anderen vorgehen könnten. **B)** ☐
C) Sie halten sich zurück, weil Sie von Organisation nichts verstehen. **C)** ☐

3 **Wenn Sie beruflich vor einer großen Herausforderung stehen ...**

A) blühen Sie richtig auf. **A)** ☐
B) suchen Sie Rückhalt bei anderen, damit Sie ja nichts übersehen. **B)** ☐
C) gehen Sie es ganz ruhig an, bis Sie richtig eingearbeitet sind. **C)** ☐

4 **Sie haben sich mit ein paar Freunden zu einem Kneipenbummel verabredet.**

A) Sie kommen eine halbe Stunde zu spät, weil Sie nicht wissen, was Sie anziehen sollen. **A)** ☐
B) Sie sind eine halbe Stunde zu früh am Treffpunkt, um schon einmal die Drinks zu ordern. **B)** ☐
C) Sie sind pünktlich da. **C)** ☐

5 **In Ihrer Firma geht es derzeit besonders hektisch zu.**

A) Sie werden Ihre Arbeit trotzdem einigermaßen pünktlich erledigen. **A)** ☐
B) Sie brauchen eine Woche länger irgendwie waren Sie gesundheitlich nicht gut zurecht. **B)** ☐
C) Sie waren zwei Tage früher mit der Arbeit durch und haben erst mal Urlaub genommen. **C)** ☐

6 **Sie besuchen eine große Tagung, bei der Sie Termine mit zahlreichen Leuten haben.**

A) Irgendwie dauern die ersten Gespräche viel zu lange, so daß einige der Termine gar nicht zustande kommen. **A)** ☐
B) Es wird hektisch, aber Sie schaffen es. **B)** ☐
C) Sie sind sehr unschlüssig, wieviel Zeit Sie jedem Termin widmen sollten. **C)** ☐

7 **Sie müssen mit dem Zug zum Flughafen fahren.**

A) Sie fahren zu früh ab, um auf alle Eventualitäten vorbereitet zu sein. **A)** ☐
B) Sie verpassen den Zug und müssen ein Taxi nehmen. **B)** ☐
C) Sie beten, daß der Zug nicht wie üblich 20 Minuten zu spät kommt. **C)** ☐

8   **Ihre Clique beauftragt Sie mit der Organisation einer Überraschungsparty für einen aus dem Ausland zurückgekehrten Freund.**

A) Sie haben bereits einige Tage vor dem Termin geklärt, wer kommt.   **A)** ☐
B) Sie haben bereits einige Wochen vorher die Organisation voll im Griff.   **B)** ☐
C) Sie verpatzen alles, indem Sie dem Freund am Telefon versehentlich von der Party erzählen.   **C)** ☐

9   **Ihre Leselampe funktioniert nicht mehr. Vermutlich liegt es am Stecker.**

A) Sie kaufen im Buchhandel einen Ratgeber und beheben den Schaden selbst.   **A)** ☐
B) Sie schicken die Lampe zum Hersteller zurück.   **B)** ☐
C) Sie schnappen sich einen Schraubendreher und beheben das Problem in wenigen Minuten.   **C)** ☐

10   **Sie möchten zu einer besonderen Gelegenheit ein Hemd tragen, das Sie erst letzte Woche getragen haben.**

A) Sie kramen es aus dem Wäscheeimer hervor und bügeln es schnell auf.   **A)** ☐
B) Sie holen es unter dem Bett hervor und reinigen es notdürftig vom Staub.   **B)** ☐
C) Sie greifen einfach in den Schrank, wo es frisch gewaschen auf dem Kleiderbügel hängt.   **C)** ☐

11   **Eines Tages müssen Sie an Ihre Jugend zurückdenken und an die Ambitionen, die Sie damals hatten.**

A) Sie lehnen sich zurück und empfinden tiefste Zufriedenheit.   **A)** ☐
B) Sie beschließen, noch härter zu arbeiten.   **B)** ☐
C) Sie müssen lachen wie albern Sie damals doch waren ...   **C)** ☐

12   **Sie haben eine neue Software für Ihren Computer gekauft, die jedoch sehr umständlich zu bedienen ist.**

A) Sie lesen das Handbuch und kratzen sich am Kopf.   **A)** ☐
B) Sie tauschen das Programm gegen ein anderes um.   **B)** ☐
C) Sie verbringen einige Nächte vor dem Bildschirm, bis Sie es kapiert haben.   **C)** ☐

13   **Ihre kleine Nichte klingelt bei Ihnen an sie hat sich beim Spielen das Knie verletzt.**

A) Sie fallen in Ohnmacht.   **A)** ☐
B) Sie trösten und verarzten die Kleine.   **B)** ☐
C) Sie sagen ihr, sie soll schnell zu ihrer Mama laufen.   **C)** ☐

14   **Wenn Sie einige bestimmte Gegenstände suchen, die Sie garantiert im Haus haben ...**

A) dauert das nur einige Minuten.   **A)** ☐
B) beginnt die große Sucherei.   **B)** ☐
C) müssen Sie erstmal überlegen, aber weit weg kann der Kram ja nicht sein.   **C)** ☐

15   **Ihre Nachbarn sind nicht im Haus, als Sie eines Nachts bemerken, daß sich jemand in ihrer Wohnung aufhält.**

A) Ist nicht Ihr Problem – Sie legen sich wieder ins Bett.   **A)** ☐
B) Sie greifen zum Telefon und wählen die Nummer Ihrer Nachbarn, um den Einbrecher zu verscheuchen.   **B)** ☐
C) Sie verständigen die Polizei.   **C)** ☐

16 Wenn Sie morgens nach dem Aufwachen total übermüdet sind ...

A) schlucken Sie prophylaktisch ein Aspirin, bevor Sie sich in den neuen Tag stürzen. **A)** ☐

B) ziehen Sie sich die Decke über den Kopf und schlafen weiter. **B)** ☐

C) stehen Sie trotzdem wie gewohnt auf, da Sie wissen, daß Aktivität munter macht. **C)** ☐

17 Im Rückspiegel Ihres Autos bemerken Sie plötzlich einen Polizeiwagen.

A) Sie fahren gelassen weiter, da Sie wissen, daß Sie nichts verbrochen haben. **A)** ☐

B) Sie treten schnell auf die Bremse, weil Sie etwas zu schnell gefahren sind. **B)** ☐

C) Sie behalten den Wagen im Auge und vergessen, auf den Tacho zu schauen, bis die Polizisten an Ihnen vorbeiziehen und die Kelle aus dem Fenster halten. **C)** ☐

18 Ein Kunde steht bei Ihnen tief in der Kreide – auch die dritte Mahnung hat nichts genutzt.

A) Sie schreiben das Geld ab. **A)** ☐

B) Sie drohen mit dem Anwalt. **B)** ☐

C) Sie schicken dem Kunden gleich einen Mahnbescheid ins Haus, alles andere ist Ihnen zu nervig. **C)** ☐

19 Sie wollen ein Haus kaufen, haben aber überhaupt keine Ahnung von diesem Thema.

A) Sie fragen möglichst viele Bekannte um Rat und finden bald Ihr Traumhaus. **A)** ☐

B) Sie merken schon bald, daß Sie damit überfordert sind und bleiben in Ihrer Mietwohnung. **B)** ☐

C) Sie lassen sich Zeit und lehnen zwei Angebote ab, bevor Sie fündig werden. **C)** ☐

20 Sie stehen vor einem wichtigen Examen.

A) Sie nehmen Ihre Lehrbücher zur Hand, wenn gerade mal nichts los ist und auch nichts im Fernsehen läuft. **A)** ☐

B) Sie fertigen eine genauen Stundenplan an und halten ihn auch ein. **B)** ☐

C) Sie tun lange Zeit gar nichts, bis Sie am Abend vor der Prüfung in Panik geraten und die gesamte Nacht büffeln. **C)** ☐

21 Sie erfahren, daß Sie eine Arbeit bis zu einem bestimmten Termin erledigt haben müssen.

A) Sie kümmern sich zunächst um die Arbeitsvorbereitungen und hoffen, daß alles klappt. **A)** ☐

B) Sie machen Überstunden, trinken gewaltige Mengen Kaffee und schaffen es irgendwie, rechtzeitig fertig zu werden. **B)** ☐

C) Sie sind vor dem Termin fertig und beginnen frühzeitig mit dem nächsten Projekt. **C)** ☐

22 In Ihrer Firma gibt es organisatorische Probleme beim Datenzugriff.

A) Sie sorgen selbst für einen reibungsloseren Ablauf. **A)** ☐

B) Sie bereinigen einen Teil der Probleme, kommen aber trotzdem nicht viel weiter. **B)** ☐

C) Sie sehen zu, daß Sie mit dem Computerkram möglichst wenig zu tun haben. **C)** ☐

23 Sie kommen morgens zu spät zur Arbeit. Warum?

A) Ich bin eben ein Langschläfer. **A)** ☐

B) Ich habe ständig Ärger mit meinem Auto. **B)** ☐

C) Eine Springflut – normalerweise bin ich immer pünktlich. **C)** ☐

24   **In Ihrer Firma wird eine neue Vorschrift eingeführt, die nur Ärger bereitet.**

A) Sie organisieren eine Unterschriftenaktion.   **A)** ☐

B) Sie passen sich an.   **B)** ☐

C) Sie machen gegenüber den Kollegen ein paar passende Bemerkungen über diesen Irrsinn.   **C)** ☐

25   **Sie haben Kopfschmerzen, der Fernseher ist kaputt und die Kinder spielen im Wohnzimmer laut johlend Fußball.**

A) Sie brüllen, bis die Kinder Ruhe geben.   **A)** ☐

B) Sie nehmen ein Aspirin und rufen den Reparaturservice an. Anschließend spielen Sie mit den Kindern Monopoly.   **B)** ☐

C) Sie bitten eine Bekannte, auf die Kinder aufzupassen, damit Sie sich eine Stunde hinlegen können.   **C)** ☐

26   **Sie entrümpeln den Dachboden, weil Sie ihn zu einem Gästezimmer ausbauen wollen.**

A) Sie nehmen sich ein paar Tage Urlaub und starten durch. Doch bereits nach kurzer Zeit sitzen Sie gedankenverloren über den vielen Dingen, die sich im Laufe eines Lebens angesammelt haben.   **A)** ☐

B) Sie bitten einige Freunde um Hilfe, worauf das Ganze in einer wüsten Party endet.   **B)** ☐

C) Sie bestellen einen Container und entsorgen das ganze Gerümpel an einem einzigen Vormittag.   **C)** ☐

27   **Sie brauchen dringend Urlaub.**

A) Sie planen eine Rundreise und buchen die Hotels im Voraus.   **A)** ☐

B) Sie fahren mit gepackten Koffern zum Flughafen und lassen sich überraschen, wohin Sie die Last-Minute-Tour diesmal führen wird.   **B)** ☐

C) Sie wälzen Kataloge, bis Sie sich für eine Pauschalreise zu einem Ort entscheiden, an dem Sie noch nie waren.   **C)** ☐

28   **Sie wollen einen Freund besuchen, der in einer Gegend wohnt, in der Sie sich absolut nicht auskennen.**

A) Sie fahren mit dem Zug und fragen sich anschließend durch.   **A)** ☐

B) Sie fahren mit dem Auto, nachdem Sie die Route sorgfältig durchgeplant haben, so daß wirklich nichts schiefgehen kann.   **B)** ☐

C) Sie fragen Ihren Freund, ob es möglich sei, sich anderswo zu treffen.   **C)** ☐

29   **Sie entschließen sich ein paar enge Freunde zum Essen einzuladen.**

A) Sie kochen ein fürstliches Mahl aus frischen Zutaten.   **A)** ☐

B) Sie bringen Fertiggerichte auf den Tisch.   **B)** ☐

C) Es gibt wie immer Spaghetti mit Tomatensauce – Ihre Freunde wissen ja, daß an Ihnen kein großer Koch verloren gegangen ist.   **C)** ☐

WIE EMOTIONAL SIND SIE?

Brechen Sie beim kleinsten Streit gleich in Tränen aus? Oder läßt Sie der Anblick eines Kuscheltieres vollkommen kalt? Nehmen Sie sich Kritik sehr zu Herzen oder finden Sie sie konstruktiv? Finden Sie es selbst heraus.

1 **Sie haben eine teure Vase gekauft, die aber auf dem Heimweg zu Bruch geht.**

A) Sie fluchen und sammeln die Splitter auf, um sie wegzuwerfen. A) ☐
B) Sie heulen wie ein Schloßhund. B) ☐
C) Sie schütteln den Kopf und beschließen, für eine neue Vase zu sparen. C) ☐

2 **Wegen Rationalisierungsmaßnahmen werden Sie gefeuert.**

A) Sie verlangen eine Abfindung und gehen dafür notfalls vor Gericht. A) ☐
B) Sie suchen sich sofort einen neuen Job. B) ☐
C) Sie stürmen in das Büro Ihres Chefs und setzen ihm so sehr zu, daß er droht, C) ☐
die Polizei zu rufen.

3 **Ihre Katze ist angefahren worden und stirbt, nachdem Sie sie zum Tierarzt gebracht haben.**

A) Sie sind zwei Tage lang nicht ansprechbar, aber danach geht es Ihnen wieder einigermaßen gut. A) ☐
B) Sie weinen und beschließen zornig, den Fahrer des Wagens zur Rechenschaft zu ziehen. B) ☐
C) Sie lassen sich nicht anmerken, wie traurig Sie sind. C) ☐

4 **Morgens finden Sie im Briefkasten ein Anschreiben, in dem steht, daß Sie eine unglaubliche Menge Geld in einer Lotterie gewonnen haben.**

A) Sie rennen barfuß auf die Straße und johlen wie ein Verrückter. A) ☐
B) Sie sind vollkommen überwältigt und erwähnen Ihr Glück nur, wenn jemand Sie auf Ihr B) ☐
ungewohntes Verhalten anspricht.
C) Nachdem Sie sich beruhigt haben, rufen Sie Ihre engsten Freunde und Verwandten an, C) ☐
um sie sachlich über diese Neuigkeit zu informieren.

5 **In einer einsamen Gegend gibt Ihr Wagen auf. Sie kennen sich nicht mit Autos aus, deshalb ...**

A) steigen Sie wutentbrannt aus und treten laut schreiend gegen den Kotflügel. A) ☐
B) Sie lassen den Wagen stehen und marschieren zum nächsten Dorf. B) ☐
C) Sie bleiben im Auto sitzen und hoffen, daß bald jemand vorbeikommt. C) ☐

6 **Sie haben in der Tasche Ihres Lebensgefährten einen Zettel gefunden, daß er/sie Sie betrügt ...**

A) Sie fragen ganz sachlich nach einer Erklärung und diskutieren die Angelegenheit aus. **A)** ☐

B) Sie sind stocksauer, versuchen aber bald, die Sache auf vernünftige Weise zu bereinigen. **B)** ☐

C) Es gibt es einen großen Knall. **C)** ☐

7 **Beim Mittagessen in der Kantine entdecken Sie, daß Ihr goldener Füllfederhalter verschwunden ist.**

A) Sie rufen sofort den Werksschutz und verlangen einer komplette Leibesvisitation aller Kollegen. **A)** ☐

B) Sie fragen die anderen, ob jemand den Füllfederhalter gesehen hat. Anschließend durchsuchen Sie Ihr Büro und Ihre Wohnung. **B)** ☐

C) Sie lassen sich den Appetit nicht verderben, geraten aber im Verlauf des Nachtmittags in Panik, als der Federhalter immer noch nicht wieder aufgetaucht ist. **C)** ☐

8 **Sie helfen einem Freund bei den Vorbereitungen für eine kleiner Feier, als er sich beim Gemüseschnippeln schneidet und das Blut in Strömen fließt.**

A) Sie sind zunächst schockiert, aber dann holen Sie den Verbandskasten und verarzten Ihren Freund. **A)** ☐

B) Sie werden kreidebleich und fragen Ihren Freund, was Sie jetzt machen sollen. **B)** ☐

C) Sie versorgen die Wunde sorgfältig, obwohl Ihnen ziemlich mulmig zumute ist. **C)** ☐

9 **Eine weit entfernt lebende Tante bedenkt Sie seit Jahren an allen Feiertagen mit Geschenken. Zu Ihrem Entsetzen bemerken Sie eines Morgens, daß Ihre Tante heute Geburtstag hat und Sie haben Ihr nicht einmal eine Karte geschickt.**

A) Sie rufen Sie an und entschuldigen sich für Ihre Nachlässigkeit. **A)** ☐

B) Sie besorgen in der Stadt ein Geschenk und eine Karte, auf der irgendein passender Spruch steht. **B)** ☐

C) Sie zerbrechen sich den ganzen Tag lang den Kopf, wie Sie das wieder gutmachen können. Als Sie wieder zur Besinnung kommen, haben die Läden bereits geschlossen. **C)** ☐

10 **Die Polizei klingelt an Ihrer Tür. Man beschuldigt Sie eines Einbruchs, den Sie nicht begangen haben.**

A) Sie weigern sich vehement, mit auf die Wache zu kommen. **A)** ☐

B) Sie weigern sich mitzugehen, bevor Sie nicht den Vorgesetzten der Polizisten gesprochen haben. **B)** ☐

C) Sie gehen mit, verweigern aber die Aussage und bestehen darauf, Ihren Anwalt anrufen zu dürfen. **C)** ☐

11   **Seit drei Tagen liefert man Ihnen morgens die falsche Tageszeitung.**

A) Sie suchen den Vertrieb auf, um dort ordentlich Putz zu machen.   A) ☐

B) Sie rufen beim Vertrieb an und erläutern höflich das Problem.   B) ☐

C) Sie passen am nächsten Morgen den Zeitungsboten ab und machen ihn so richtig   C) ☐
zur Schnecke.

12   **Sie machen Bratkartoffeln. Plötzlich geht Ihr Essen in Flammen auf.**

A) Sie nehmen die Pfanne vom Ofen und werfen ein Geschirrtuch darüber, um das Feuer   A) ☐
zu ersticken.

B) Sie rennen auf die Straße und schreien: "Feuer!"   B) ☐

C) Sie geraten in Panik und fluchen wie ein Bierkutscher, aber dann greifen Sie nach einem   C) ☐
Geschirrtuch, um das Feuer zu ersticken.

13   **Als Sie nach Hause kommen, ist die ganze Wohnung aufgrund eines Rohrbruchs überflutet.**

A) Sie brüllen laut um Hilfe und suchen nach einen Eimer, um der Überschwemmung Herr zu   A) ☐
werden.

B) Sie rufen die Feuerwehr an und befolgen deren Instruktionen, bis sie eintreffen.   B) ☐

C) Sie brechen angesichts des Schadens zusammen.   C) ☐

14   **Bei einem Sommerspaziergang werden Sie von einem Wolkenbruch überrascht.**

A) Sie marschieren fröhlich weiter, weil so etwas eben dazu gehört.   A) ☐

B) Sie rennen planlos durch die Gegend, um ein trockenes Fleckchen zu finden.   B) ☐

C) Sie fluchen und rennen los, um Schutz vor dem Regen zu suchen.   C) ☐

15   **Sie haben Ihren Wagen auf einem riesigen Parkplatz abgestellt und finden ihn
nicht mehr wieder.**

A) Sie bewahren Ruhe und suchen die Reihen der parkenden Fahrzeuge ab –   A) ☐
irgendwo muß er ja schließlich sein!

B) Sie geraten in Panik und rufen die Polizei an, um den Wagen als gestohlen zu melden.   B) ☐

C) Sie vermuten das Schlimmste und suchen weiter, während Sie insgeheim hoffen,   C) ☐
daß zufällig ein Polizist vorbeikommt, mit dem Sie über das Problem sprechen können.

16   **Als Sie Ihr bestes Hemd aus der Waschmaschine holen, hat es sich pink verfärbt.**

A) Sie versuchen, das Problem mit Bleiche zu lösen.   A) ☐

B) Sie rufen verzweifelt einen Freund an, um ihn um einen Tip zu bitten.   B) ☐

C) Sie verpassen der Waschmaschine einen saftigen Tritt, was dazu führt, daß Sie nun   C) ☐
nicht nur mit einem pinkfarbenen Hemd, sondern auch mit einem gebrochenen Zeh
gestraft sind.

17 **Sie sitzen in einem Restaurant und warten über vierzig Minuten, bis der erste Gang vor Ihnen auf dem Tisch steht.**

A) Sie springen wutentbrannt auf, machen ein paar saftige Bemerkungen und verlassen das Lokal.   **A)** ☐

B) Sie rufen die Kellnerin und verlangen prompte Bedienung.   **B)** ☐

C) Sie rufen den Geschäftsführer und klären ihn höflich über die Situation auf.   **C)** ☐

18 **Ihr Kassettenrekorder hat Bandsalat gebaut – ausgerechnet Ihre Lieblingskassette ist betroffen!**

A) Sie versuchen erfolglos, das Band wieder zu reparieren.   **A)** ☐

B) Sie rufen beim Hersteller des Rekorders an und verlangen eine Entschädigung.   **B)** ☐

C) Sie kriegen einen Wutausbruch, aber dann versuchen Sie, den Schaden zu beheben.   **C)** ☐

19 **Obwohl es Ihren Freunden finanziell sehr schlecht geht, überraschen sie Sie zum Geburtstag mit einem kostspieligen Geschenk.**

A) Sie sind zunächst sprachlos, dann bedanken Sie sich.   **A)** ☐

B) Sie betrachten das Geschenk genau und bedanken sich überschwenglich.   **B)** ☐

C) Sie brechen in Tränen aus und umarmen Ihre Freunde.   **C)** ☐

20 **Nach einem Vorstellungsgespräch sind Sie überzeugt, daß Sie den Job bekommen werden. Aber einige Tage später erhalten Sie ein Ablehnungsschreiben.**

A) Sie zucken Ihre Achseln und studieren erneut die Stellenangebote in der Tageszeitung.   **A)** ☐

B) Sie werfen sich auf's Bett und hadern mit Ihrem Schicksal.   **B)** ☐

C) Sie sind eine Weile deprimiert, fangen sich aber schnell.   **C)** ☐

21 **Sie haben sich im Fernsehen einen Spielfilm angesehen, der ein sehr trauriges Ende hatte.**

A) Sie greifen nach den Papiertaschentüchern.   **A)** ☐

B) Sie sind zutiefst berührt und schalten auf eine Comedy-Sendung um.   **B)** ☐

C) Was soll's, es war doch nur ein Film!   **C)** ☐

22 **Sie haben verschlafen und nur noch fünfzehn Minuten Zeit, um sich für ein wichtiges Treffen zurechtzumachen.**

A) Sie geraten in Panik, schaffen es aber, nur fünf Minuten zu spät zu kommen.   **A)** ☐

B) Sie lassen sich Zeit – es gibt wichtigere Dinge im Leben.   **B)** ☐

C) Sie regen sich so sehr auf, daß Sie die doppelte Zeit benötigen wie sonst.   **C)** ☐

23 **Sie stehen vor einer roten Ampel, als jemand von hinten auf Ihren Wagen auffahrt.**

A) Sie steigen aus und brüllen laut "Idiot!".

B) Sie ziehen die Handbremse an und steigen aus, um mit dem anderen Fahrer die Versicherungsnummern auszutauschen.

C) Sie warten total verwirrt im Wagen, bis der andere Fahrer Sie anspricht.

A) ☐
B) ☐
C) ☐

24 **Eigentlich dachten Sie, daß alle Ihren Geburtstag vergessen hätten. Doch als Sie nach Hause kommen, findet dort eine Überraschungsparty statt.**

A) Sie freuen sich und feiern bis in die Morgenstunden.

B) Sie schimpfen ein bißchen, aber in Wirklichkeit freuen Sie sich.

C) Sie stehen stumm da und brechen schließlich in Tränen der Freude aus.

A) ☐
B) ☐
C) ☐

25 **Es klingelt. Als Sie die Tür öffnen, steht dort eine Frau, die behauptet, Ihre vermißte Schwester zu sein.**

A) Nachdem Sie einige Detailfragen richtig beantwortet hat, lassen Sie sie herein, um mehr zu erfahren.

B) Sei fallen ihr um den Hals und kommen erst nach einigen Minuten auf die Idee, Ihre Behauptung durch einige Fragen zu prüfen.

C) Sie sind zunächst skeptisch, laden die Frau aber auf eine Tasse Kaffee ein, nachdem Sie einige Fragen zu Ihrer Zufriedenheit beantwortet hat.

A) ☐
B) ☐
C) ☐

26 **Nach dem Urlaub stellen Sie fest, daß Ihre Erinnerungsfotos allesamt unterbelichtet und unscharf sind.**

A) Sie schmeißen die Kamera an die Wand, obwohl Sie genau wissen, daß der Fehler bei Ihnen lag.

B) Sie suchen den nächsten Fotoladen auf und fragen um Rat.

C) Sie sind zunächst schrecklich enttäuscht und dann wütend, aber schließlich legt sich die miese Stimmung wieder.

A) ☐
B) ☐
C) ☐

27 **Sie haben auf einer Party zuviel getrunken und sich ziemlich daneben benommen. Ihre Freunde ziehen Sie damit auf.**

A) Sie lachen mit, nehmen sich aber vor, es Ihnen mit gleicher Münze zurückzuzahlen – so sich die Gelegenheit ergeben sollte.

B) Sie sind wütend – nicht nur auf sie, sondern auch auf sich selbst.

C) Sie nehmen es gelassen hin, erklären aber nach einer ganzen Weile, daß Sie es nun wirklich nicht mehr lustig finden.

A) ☐
B) ☐
C) ☐

28 Ihr Chef drangsaliert Sie, obwohl Sie ihm dazu keinen Anlaß geben. Als Sie sich bereits vorgenommen haben, ihn einmal darauf anzusprechen, putzt er Sie in aller Öffentlichkeit herunter.

A) Sie kündigen auf der Stelle, obwohl Sie genau wissen, daß Sie diesen Schritt später bereuen werden.
A) ☐

B) Sie machen eine spitze Bemerkung und drohen mit dem Anwalt.
B) ☐

C) Sie wehren sich nicht, gehen aber in die Luft, nachdem Ihr Chef wieder gegangen ist.
C) ☐

29 Sie erhalten überraschenden Besuch von einer Tante, von der Sie jahrelang nichts mehr gehört haben.

A) Sie begrüßen sie erfreut und führen sie ins Wohnzimmer.
A) ☐

B) Sie umarmen Tantchen so heftig, daß ihr fast die Luft wegbleibt.
B) ☐

C) Sie sind sprachlos vor Freude, aber schließlich bitten Sie sie herein, da es ja soviel zu erzählen gibt.
C) ☐

30 Als Sie von einer Reise zurückkommen entdecken Sie, daß Sie das Opfer eines Einbruchs geworden sind.

A) Sie brechen in Tränen aus, bis ein Nachbar erscheint und Sie beruhigt.
A) ☐

B) Sie schütteln verwirrt den Kopf und sehen sich kurz um, bevor Sie die Polizei rufen.
B) ☐

C) Als Sie sich von dem Schock erholt haben, rufen Sie die Polizei und fertigen bis zu ihrem Eintreffen schon einmal eine Liste der gestohlenen Gegenstände an.
C) ☐

IHRE INTUITION

Manche Menschen scheinen Dinge unerklärlicherweise im Voraus zu wissen und behaupten, sie könnten fremde Menschen, Situationen und Orte auf Anhieb analysieren. Oft stellt sich heraus, daß sie tatsächlich Informationen besitzen, die Ihre Behauptungen zu stützen scheinen. Skeptiker meinen jedoch, daß es durchaus rationale Erklärungen für dieses Phänomen gibt. Der folgende Test zeigt, wie sehr Sie auf Ihre Intuition vertrauen.

1 Sie gehen auf eine Party, wo Sie nur wenige Leute kennen.

A) Sie kommen mit Leuten ins Gespräch, die auf den ersten Blick den Eindruck erweckten, daß Sie mit Ihnen gut zurecht kommen werden.   A) ☐

B) Sie bleiben in der Nähe Ihrer Bekannten, um darauf zu warten, daß sie Sie mit neuen Leuten bekannt machen werden, die Ihnen nach reiflicher Überlegung sympathisch sind.   B) ☐

C) Sie quatschen mit so gut wie jedem, da Sie die meisten der Gäste ohnehin nie wiedersehen werden.   C) ☐

**2 Sie wachen mitten in der Nacht auf, weil Sie einen Alptraum hatten.
Es ging darin um Menschen, die Ihnen nahestehen.**

A) Sie versuchen weiterzuschlafen, weil Sie dem ganzen keine Bedeutung beimessen.   A) ☐

B) Sie sind aufgrund vergangener Erfahrungen überzeugt, daß sich einige Elemente aus Ihrem Traum bewahrheiten werden.   B) ☐

C) Sie warnen Ihre Freunde, weil Sie davon ausgehen, daß solche Träume sich bewahrheiten.   C) ☐

3 Sie erhalten einen Brief von einem Freund, den Sie lange Zeit nicht gesehen haben.

A) Sie freuen sich, weil Sie ihm schon lange einen Brief schreiben wollten.   A) ☐

B) Sie sind überrascht – es war Ihnen vollkommen entfallen, daß es ihn gibt.   B) ☐

C) Sie öffnen den Brief und denken über das nach, was Sie mit ihm damals erlebt haben.   C) ☐

4 Als Sie das Radio einschalten, läuft ein alter Hit.

A) Sie sind erstaunt, weil Sie die Melodie gerade zuvor noch gesummt haben.   A) ☐

B) Sie versuchen sich an den Text zu erinnern.   B) ☐

C) Sie schalten das Radio aus, weil sie das Lied in der letzten Zeit viel zu häufig gehört haben.   C) ☐

5   **Sie sind auf der Trabrennbahn und wollen eine Wette abschließen.**

A) Sie gehen die Startliste mit geschlossenen Augen durch, um eine Zufallswahl zu treffen.   **A)** ☐

B) Sie verlassen sich vollkommen auf Ihr Gefühl, obwohl Sie von Pferdewetten nicht viel verstehen.   **B)** ☐

C) Sie fragen einen Freund – dummerweise setzt das Pferd kurz nach dem Start zum Galopp an.   **C)** ☐

6   **Wenn Sie ein TV-Quiz anschauen ...**

A) wissen Sie schon am Anfang, wer gewinnen wird.   **A)** ☐

B) wählen Sie nach einiger Zeit den Kandidaten als wahrscheinlichen Sieger aus, der Ihnen am qualifiziertesten erscheint.   **B)** ☐

C) wechseln Sie ständig Ihre Ansicht darüber, wer gewinnen wird.   **C)** ☐

7   **Sie wollen ein Haus kaufen. Welche Entscheidungskriterien sind für Sie die wichtigsten?**

A) Zustand und Raumaufteilung des Hauses.   **A)** ☐

B) Die Meinung Ihres Partners, des Maklers oder Ihrer Mutter.   **B)** ☐

C) Ihr Gefühl, daß es dieses Haus ist und kein anderes.   **C)** ☐

8   **Als Sie eigentlich ein Paar Schuhe kaufen wollen, entdecken Sie eine Hose, die Ihnen gefällt.**

A) Sie vergessen die Schuhe und kaufen die Hose.   **A)** ☐

B) Sie kaufen die Hose und suchen sich ein Paar passende Schuhe dazu aus.   **B)** ☐

C) Sie kommen nächste Woche zurück, um die Hose zu kaufen.   **C)** ☐

9   **Wenn jemand bei einer Diskussion eine kurze Sprechpause macht ...**

A) nutzen Sie die Gelegenheit, um etwas vorzuschlagen, was die Auseinandersetzung zu Ihren Gunsten entscheidet.   **A)** ☐

B) warten Sie gespannt ab, was er sagen will.   **B)** ☐

C) beenden Sie den Satz an seiner Stelle.   **C)** ☐

10   **Sie sprechen mit Ihrem Partner über den Moment, in dem Sie sich kennengelernt haben. Haben Sie ...**

A) ihn/sie gar nicht bemerkt, bis man Sie miteinander bekannt gemacht hat?   **A)** ☐

B) ihn/sie bereits beim Kommen bemerkt und weiche Knie bekommen?   **B)** ☐

C) ihn/sie entdeckt und sich sofort magisch angezogen gefühlt?   **C)** ☐

11   **Sie kommen mit einem Ihrer Kollegen überhaupt nicht zurecht. War es ...**

A) von Anfang an so?   **A)** ☐

B) so, daß ihn die anderen nicht leiden mochten und Sie sich der Meinung anschlossen?   **B)** ☐

C) nach dem ersten Gespräch klar, daß Sie mit ihm nicht zurechtkommen würden?   **C)** ☐

12 Am Tag vor einer längeren Bahnreise sind Sie plötzlich davon überzeugt, daß es einen ernsthaften Unfall geben wird.

A) Sie sagen die Reise ab.   A) ☐
B) Sie versuchen sich zusammenzureißen und nehmen den Zug.   B) ☐
C) Sie kommen zu dem Schluß, daß solche Visionen ein ziemlicher Blödsinn sind. C) ☐

13 Sie warten in einem Einkaufszentrum auf einen Freund. Um sich die Zeit zu vertreiben, beobachten Sie eine Gruppe von Menschen und versuchen zu raten, welche Berufe sie haben und in welchen Verhältnissen sie leben. Als Ihr Freund eintrifft stellt sich heraus, daß er einige aus dieser Gruppe kennt.

A) Es stellt sich heraus, daß Ihre Ratereien durchaus zutreffend waren.   A) ☐
B) Sie haben diese Leute so zielsicher durchschaut, daß Ihr Freund Sie nur   B) ☐
fassungslos ansieht und nicht glauben will, daß Sie die Leute gar nicht kennen.
C) Sie liegen so sehr daneben, daß Ihr Freund laut lachen muß.   C) ☐

14 Sie kaufen ein Los für eine Tombola. Anschließend ...

A) gehen Sie natürlich wie immer ohne Gewinn nach Hause.   A) ☐
B) verlieren Sie das Los und gehen schon vor der Ziehung nach Hause.   B) ☐
C) landen Sie einen Haupttreffer!   C) ☐

15 Sie sollen während des Urlaubs auf das Haus Ihrer Eltern achtgeben, die aber verfrüht zurückkehren.

A) Sie werden knallrot, weil Sie noch nicht wieder aufgeräumt haben.   A) ☐
B) Sie führen Sie erfreut in das Haus, das blitzsauber ist, weil Sie insgeheim B) ☐
damit gerechnet haben, daß Ihre Eltern zu früh zurückkommen.
C) Sie haben das Haus in Schuß gehalten, weil man ja auf alles gefaßt sein muß. C) ☐

16 Wenn Sie mit anderen ein Brettspiel spielen, bei dem es nur auf Glück ankommt ...

A) mogeln Sie sich durch.   A) ☐
B) gewinnen Sie ohnehin.   B) ☐
C) gewinnen oder verlieren Sie so häufig wie jeder andere auch.   C) ☐

17 Seit Tagen warten Sie auf den Anruf einer Kollegin. Immer wenn das Telefon klingelt ...

A) springen Sie nervös auf, weil es ja die Kollegin sein könnte.   A) ☐
B) denken Sie gar nicht daran, weil Sie es irgendwie vergessen haben.   B) ☐
C) reagieren Sie ganz normal auf das vierte Klingeln, aber als die Kollegin anruft, heben C) ☐
Sie entgegen Ihrer Gewohnheit bereits nach dem ersten Klingeln ab.

18   **Ein Bettler bittet Sie um eine Mark, um sich etwas zu Essen kaufen zu können.**

A) Sie geben ihm das Geld, obwohl Sie wissen, daß er sich möglicherweise nur die nächste Flasche Schnaps zusammenbettelt.   **A)** ☐

B) Sie riechen seine Fahne und geben ihm nichts.   **B)** ☐

C) Sie ignorieren ihn, weil man nie wissen kann, ob ein Bettler wirklich Hunger leidet oder sich lediglich betrinken will.   **C)** ☐

19   **Ein flüchtiger Bekannter bittet Sie, ihm Geld zu leihen.**

A) Sie fragen zunächst einige Menschen, die ihn besser kennen, ob er ehrlich ist.   **A)** ☐

B) Sie verleihen niemals Geld, weil Sie sich eine Enttäuschung ersparen wollen.   **B)** ☐

C) Sie verlassen sich bei der Entscheidung ganz auf Ihre Menschenkenntnis, die Sie noch nie betrogen hat.   **C)** ☐

20   **Wenn Freunde Sie wegen einer wichtigen Entscheidung um Rat fragen ...**

A) hat das einfach den triftigen Grund, daß Sie immer richtig liegen.   **A)** ☐

B) handeln Sie meist genau umgekehrt.   **B)** ☐

C) verlangen sie von Ihnen eine sachliche Überlegung und keineswegs ein Gefühl aus dem Bauch heraus.   **C)** ☐

21   **Man lädt Sie ein, an einer Pokerpartie teilzunehmen.**

A) Sie lehnen ab, weil Sie im Spiel grundsätzlich Pech haben.   **A)** ☐

B) Sie sagen zu, setzen sich aber ein vernünftiges Limit.   **B)** ☐

C) Sie gehen garantiert hin, weil Sie bei Glücksspielen grundsätzlich gewinnen.   **C)** ☐

22   **Sie veranstalten ein Picknick. Plötzlich gibt es einen Wolkenbruch.**

A) Sie spannen den Regenschirm auf, den Sie für alle Fälle mitgenommen haben.   **A)** ☐

B) Sie ziehen die Kapuze Ihres Anoraks hoch, den Sie angezogen haben, weil Sie so ein bestimmtes Gefühl hatten.   **B)** ☐

C) Sie werden pudelnaß.   **C)** ☐

23   **Während eines Urlaubs kommen Sie an einen Ort, der Ihnen bekannt vorkommt, obwohl Sie sich nicht daran erinnern können, schon einmal hier gewesen zu sein.**

A) Sie schütteln den Kopf und sagen "So ein Unsinn!".   **A)** ☐

B) Sie fragen sich, ob Ihre Eltern vielleicht mit Ihnen diesen Ort besucht haben, als Sie noch ein kleines Kind waren.   **B)** ☐

C) Sie nehmen das Ganze lediglich zur Kenntnis - es passiert Ihnen ja nicht zum ersten Mal.   **C)** ☐

24 **Sie kommen von der Arbeit nach Hause und haben das Gefühl, daß eine Katastrophe passiert ist.**

A) Sie rufen alle nahen Verwandten und Freunde an, um sich davon zu überzeugen, A) ☐
daß es ihnen gut geht.

B) Bis zum Abendbrot haben Sie die Sache vollkommen vergessen. B) ☐

C) Sie erfahren am nächsten Tag, daß einer Ihrer Freunde verunglückt ist. C) ☐

25 **Auf einem verlassenen Flughafen überkommt Sie ein seltsames Gefühl.**

A) Sie vermuten sofort, daß Sie sich durch den steifen Wind eine Erkältung geholt haben. A) ☐

B) Sie erfahren später, daß auf diesem Flughafen im Zweiten Weltkrieg während eines B) ☐
Bombenangriffs viele Menschen getötet wurden.

C) Sie flüchten in einen der Hangars, als kurz darauf ein fürchterlicher Sturm ausbricht. C) ☐

26 **Bevor Sie ein Geschenk auspacken ...**

A) wissen Sie meist schon ungefähr, um welches Geschenk es sich handelt. A) ☐

B) wissen Sie aus dem Gefühl, worum es sich handelt. B) ☐

C) wissen Sie, worum es sich handelt. Schließlich hat Ihnen ein Freund einen Tip gegeben ... C) ☐

27 **Sie gehen in einer einsamen Gegend spazieren, als Sie plötzlich das Gefühl haben, jemand würde Sie beobachten. Sie sehen sich um und bemerken ...**

A) einen anderen Spaziergänger. A) ☐

B) daß eine Schar Vögel über Sie hinwegfliegt. B) ☐

C) daß Sie sich einem Fluß nähern. C) ☐

28 **In einem Geschäft überkommt Sie ein seltsames Gefühl. Wie sich herausstellt ...**

A) ist die Klimaanlage des Ladens kaputt. A) ☐

B) liegen Sie abends mit 40° Fieber im Bett. B) ☐

C) haben Sie tatsächlich vergessen, Ihre Katze zu füttern. C) ☐

29 **In Afrika passiert eine Katastrophe. Sie erfahren davon...**

A) durch einen Freund, der Ihnen nachher alles erzählt, was in der Zeitung stand. A) ☐

B) aus dem Radio, das bei Ihnen den ganzen Tag läuft. B) ☐

C) als erster aus Ihrem Bekanntenkreis, weil Sie in einem bestimmten Moment das Gefühl C) ☐
hatten, zu einer vollkommen absurden Zeit die Fernsehnachrichten einschalten zu müssen.

30 **Sie lesen gerade die Zeitung, als Sie plötzlich den Zwang verspüren, zur Haustür zu gehen, um einen Blick auf die Straße zu werfen. Daraufhin ...**

A) stellen Sie fest, daß die Straße menschenleer ist. A) ☐

B) platzen Sie in die Unterhaltung zweier Familienmitglieder, die offenbar hinter Ihrem B) ☐
Rücken über Sie herziehen.

C) steht ein Nachbar vor der Tür, der mit Ihnen ein Schwätzchen halten will. C) ☐

WER BESTIMMT IHR LEBEN?

Hier wird offengelegt, wieviel Kontrolle Sie über Ihre eigenen Lebensumstände haben. Glauben Sie, über einen freien Willen zu verfügen und der Schmied Ihres eigenen Glücks zu sein? Oder vermuten Sie, lediglich der Spielball von Mächten zu sein, auf die Sie keinen Einfluß haben? Der folgende Test bringt es zutage: Es gibt diesmal drei mögliche Antworten: ja, nein und ich weiß nicht. Versuchen Sie, so ehrlich wie möglich zu sein. Es gibt kein Zeitlimit, aber Sie sollten versuchen, die Aufgaben möglichst direkt und ohne langes Nachdenken zu beantworten.

		JA	NEIN	WEISS NICHT
1	Auf die meisten Dinge des Lebens hat man keinen Einfluß.	☐	☐	☐
2	Ich habe den Verlauf meines Lebens weitgehend vorhergesehen.	☐	☐	☐
3	Unser Schicksal steht bereits im Augenblick der Geburt fest.	☐	☐	☐
4	Letztlich haben wir überhaupt keinen Einfluß auf unsere Regierung.	☐	☐	☐
5	Ich glaube nicht an so etwas wie Schicksal.	☐	☐	☐
6	Mit Behörden legt man sich besser nicht an.	☐	☐	☐
7	Die Regierung sorgt dafür, daß wir unser Leben nicht mehr selbst bestimmen können.	☐	☐	☐
8	Selbst der mächtigste Diktator kann durch organisierten Widerstand gestürzt werden.	☐	☐	☐
9	Wir können alles erreichen, wenn wir uns genug anstrengen.	☐	☐	☐
10	Manchmal denke ich, daß ich niemals im Mittelpunkt stehe.	☐	☐	☐

		JA	NEIN	WEISS NICHT
11	Ich gebe selten zu, daß ich verloren habe.	☐	☐	☐
12	Der Einfluß auf unser eigenes Geschick ist sehr begrenzt.	☐	☐	☐
13	Ich glaube nicht an den freien Willen.	☐	☐	☐
14	Ich bestimme mein Leben selbst.	☐	☐	☐
15	Ich meine manchmal, daß ich zu sehr in den Tag hinein lebe.	☐	☐	☐
16	Ich betrachte die Zukunft mit Zuversicht.	☐	☐	☐
17	Ich fühle mich angesichts der Probleme des Lebens oft hilflos.	☐	☐	☐
18	Kein Problem ist unlösbar.	☐	☐	☐
19	Ich lasse mir nicht von Gott vorschreiben, wie ich zu leben habe.	☐	☐	☐
20	Ich glaube, daß ich meine Probleme selbst lösen kann.	☐	☐	☐
21	Jeder ist seines Glückes Schmied.	☐	☐	☐
22	Wir können unsere Bestimmung nicht ändern.	☐	☐	☐
23	Ich glaube, daß ich mit den meisten Schwierigkeiten fertig werde.	☐	☐	☐
24	Wir sind nur Bauern in einem Schachspiel.	☐	☐	☐

WIE LOYAL SIND SIE?

Loyalität gehört zu jenen klassischen Tugenden, die unser gesamtes Leben beeinflussen. Sie bestimmt unser Verhältnis zu Kollegen, Familienmitgliedern und Freunden. Wir erwarten Sie von anderen, aber sind wir auch bereit, uns ihnen gegenüber loyal zu verhalten?

1   **Sie vermuten, daß ein naher Verwandter einen Raubüberfall begangen hat.**

A) Sie konfrontieren ihn mit Ihrem Verdacht.   A) ☐
B) Sie informieren zunächst die Polizei.   B) ☐
C) Sie machen gar nichts und hoffen, daß Sie sich geirrt haben.   C) ☐

2   **Seit Jahren arbeiten Sie für eine kleine Firma, deren Chef sich wiederholt für Sie eingesetzt hat. Nun erhalten Sie ein tolles Angebot von der Konkurrenz.**

A) Sie lehnen strikt ab.   A) ☐
B) Sie nutzen das Angebot, um mit Ihrem Chef über eine Gehaltserhöhung zu diskutieren.   B) ☐
C) Sie kündigen.   C) ☐

3   **Seit langer Zeit planen Sie mit einigen Freunden eine große Urlaubsreise. Doch Ihr neuer Partner steht dem ganzen ablehnend gegenüber.**

A) Sie verreisen trotzdem, rufen Ihren Partner aber jeden Tag an und erzählen ihm/ihr etwas Belangloses über Ihre Aktivitäten.   A) ☐
B) Sie sagen die Reise ab – Ihre Freunde würden sicher nicht anders handeln.   B) ☐
C) Sie sehen es gar nicht ein, Ihre Freunde im Regen stehen zu lassen. Ihrem Partner versprechen Sie, eine Postkarte zu schicken.   C) ☐

4   **In Ihrer Firma fällt um diese Jahreszeit immer besonders viel Arbeit an, aber Sie sind krank und müßten eigentlich das Bett hüten.**

A) Sie haben ein schlechtes Gewissen und kehren schnell an Ihren Arbeitsplatz zurück, obwohl Sie die Krankheit noch nicht richtig auskuriert haben.   A) ☐
B) Sie kurieren die Krankheit aus und hängen noch ein paar Tage dran, um sich endlich mal auszuruhen.   B) ☐
C) Sie kurieren die Krankheit aus und kehren umgehend an Ihren Arbeitsplatz zurück.   C) ☐

5   **Ein Nachbarland erklärt den Krieg. Man erwartet von Ihnen, daß Sie eine Aufgabe an der Front wahrnehmen, bei der Sie Ihr Leben riskieren.**

A) Sie reden sich schon irgendwie heraus.   A) ☐
B) Sie treten pünktlich zum Frontdienst an.   B) ☐
C) Sie überzeugen die Militärs davon, daß Sie in der Heimat mehr für Ihr Land tun können.   C) ☐

6 Sie hatten eigentlich vor, sich in den Weihnachtsferien richtig auszuruhen. Doch Heiligabend bricht ein Feuer in Ihrer Firma aus und Ihr Chef hat alle Hände voll zu tun, den Laden wieder auf Vordermann zu bringen.

A) Sie warten ab, ob er anruft, um Sie um Hilfe zu bitten.   **A)** ☐

B) Sie warten seinen Anruf ab und verlangen eine dicke Sonderzulage.   **B)** ☐

C) Sie rekrutieren einige Kollegen und tauchen bereits am nächsten Tag in der Firma auf.   **C)** ☐

7 Eine Konkurrenzfirma bietet Ihnen Schmiergeld in der Höhe eines halben Jahreseinkommens, wenn Sie ein wenig Industriespionage betreiben.

A) Sie fragen, ob bei besonderen Leistungen noch mehr dransitzt.   **A)** ☐

B) Sie lehnen brüsk ab und informieren Ihren Chef.   **B)** ☐

C) Sie willigen nach einigem Nachdenken ein, da Sie momentan besonders knapp bei Kasse sind. **C)** ☐

8 Der Kollege, mit dem Sie Ihr Büro teilen, ist Ihr bester Freund. Doch nun erzählt Ihnen ein neuer Mitarbeiter, daß Ihr Freund hinter Ihrem Rücken schlecht über Sie redet.

A) Sie ignorieren das Geschwätz, da Sie Ihrem Freund vertrauen.   **A)** ☐

B) Sie befragen einige andere Kollegen und handeln dementsprechend.   **B)** ☐

C) Sie fangen einen handfesten Streit mit Ihrem Freund an.   **C)** ☐

9 Ihre Schwester ist seit einiger Zeit arbeitslos und bittet Sie um finanzielle Unterstützung, obwohl Sie mit dem Geld ebenfalls knapp sind.

A) Sie sagen ihr, daß es momentan nicht geht.   **A)** ☐

B) Sie füllen ihren Kühlschrank auf.   **B)** ☐

C) Sie geben Ihr das Geld, von dem Sie sich eigentlich einen neuen Anzug kaufen wollten.   **C)** ☐

10 Sie bekommen zufällig mit, daß Ihr Chef in Erwägung zieht, einige Kollegen aus vollkommen unverständlichen Gründen zu feuern.

A) Sie halten sich raus – es geht Sie schließlich nichts an.   **A)** ☐

B) Sie erzählen es überall im Betrieb herum.   **B)** ☐

C) Sie paktieren insgeheim mit dem Chef, damit Sie nicht ebenfalls rausfliegen.   **C)** ☐

11 Als Sie abends länger im Büro sind entdecken Sie, daß eine Ihnen nahestehende Kollegin die Bücher frisiert hat, um sich Geld zu beschaffen. Als Sie sie damit konfrontieren, bietet Sie Ihnen ein neues Auto an, wenn Sie nur den Mund halten.

A) Sie besorgen sich erst mal einige Autoprospekte.   **A)** ☐

B) Sie informieren Ihren Chef.   **B)** ☐

C) Sie lehnen den Bestechungsversuch ab und sagen Ihr, daß Sie den Chef informieren werden, wenn sie die Sache nicht schleunigst in Ordnung bringt.   **C)** ☐

12 **Sie haben sich endlich mal ein paar Tage Urlaub genommen, in denen ...**

A) Sie darüber nachdenken, wie die anderen nur in Ihrer Abwesenheit mit der Arbeit fertig werden wollen. **A)** ☐

B) Sie nicht einen Gedanken an Ihre Arbeit verschwenden und sich mal so richtig ausruhen. **B)** ☐

C) Sie sich gut ausruhen, obwohl Sie ein schlechtes Gewissen haben, weil Ihre Kollegen Ihre Arbeit erledigen müssen. **C)** ☐

13 **Sie kaufen einen Welpen, damit Ihr Hund einen Spielgefährten hat.**
Leider kommt Ihr Hund mit dem Kleinen überhaupt nicht zurecht und verhält sich sehr aggressiv.

A) Sie geben Ihren Hund weg, weil das kleine Kerlchen viel niedlicher ist. **A)** ☐

B) Sie halten beide Hunde getrennt, da Sie keinen von ihnen missen wollen. **B)** ☐

C) Sie warten noch einige Wochen ab und geben den kleinen Hund dann an eine nette, tierliebe Familie weg. **C)** ☐

14 **Wenn Sie der Manager einer bekannten Fußballmannschaft wären und man Ihnen eine große Ablösesumme für Ihren Topspieler bieten würde ...**

A) würden Sie ernsthaft darüber nachdenken aber letztlich zu dem Schluß gelangen, daß Ihre Mannschaft auf den Spieler nicht verzichten kann. **A)** ☐

B) würden Sie dies ablehnen – das sind Sie Ihrer Mannschaft schuldig. **B)** ☐

C) würden Sie versuchen, den Preis bis zum Äußersten hochzutreiben. **C)** ☐

15 **Zufällig fällt Ihnen das Tagebuch Ihres Partners in die Hände, wodurch Sie erfahren, daß er/sie ein Kind überfahren und anschließend Fahrerflucht begangen hat.**

A) Sie bringen in Erfahrung, ob es dem Kind wieder gut geht. Sollte es der Fall sein, ist der Vorfall damit für Sie erledigt. **A)** ☐

B) Sie stellen Ihren Partner zur Rede und verständigen die Polizei. **B)** ☐

C) Sie erklären Ihrem Partner, daß Sie notfalls bereit sind, für ihn/sie einen Meineid zu leisten. **C)** ☐

16 **Seit Jahren haben Sie alle Konten bei einer bestimmten Bank, weil Sie mit den Angestellten dort immer prima zurechtkamen. Eine neue Bank winkt mit vorteilhaften Konditionen.**

A) Sie verlegen Ihre Konten, weil das Angebot einfach günstiger ist. **A)** ☐

B) Sie eröffnen bei der anderen Bank ein zweites Konto, um auf jeden Fall in den Genuß der Vorteile zu kommen. **B)** ☐

C) Sie halten Ihrer alten Bank die Stange, bis es wirklich nicht mehr geht. **C)** ☐

17 **Eine Zeitung bietet Ihnen eine Menge Geld für Informationen über einen prominenten Verwandten von Ihnen.**

A) Sie kontaktieren andere Zeitschriften, weil Sie hoffen, noch mehr Geld herausschlagen zu können. **A)** ☐

B) Sie weisen das ungeheuerliche Angebot zurück und drohen, die Angelegenheit Ihrem Anwalt zu übergeben. **B)** ☐

C) Sie sagen nichts, nennen jedoch der Redaktion gegen Zahlung einer kleinen Geldsumme die Adresse eines geschwätzigen Cousins. **C)** ☐

18 Wieder bietet Ihnen eine Redaktion Geld an, nur ist die Summe diesmal wirklich fabelhaft. Die erwartete Leistung: Sie sollen intime Details über das Verhältnis zweier mit Ihnen eng befreundeter Menschen ausplaudern, die Sie in ihr Vertrauen gezogen haben.

A) Sie gehen direkt mit dem Anwalt gegen die Zeitung vor. A) ☐

B) Sie nehmen das Geld entgegen, liefern dafür aber nur vage und letztlich irrelevante Informationen. B) ☐

C) Sie versuchen, noch mehr Geld aus der Sache herauszuschlagen, indem Sie weitere Informationen C) ☐
über die beiden beschaffen.

19 Sie werden zufällig Zeuge einer ziemlich intimen Unterhaltung zwischen zwei mit Ihnen befreundeten Menschen. Die beiden bitten Sie eindringlich, das Gehörte für sich zu behalten.

A) Sie sorgen dafür, daß sich die Sache im gesamten Bekanntenkreis herumspricht, ohne daß ein A) ☐
Verdacht auf Sie fällt.

B) Sie ziehen einen Freund oder eine Freundin in Ihr Vertrauen, von dem/der Sie genau wissen, B) ☐
daß er/sie nichts für sich behalten kann.

C) Sie schweigen wie ein Grab. C) ☐

20 Sie waren bislang ein treuer Wähler einer bestimmten Partei, die nun jedoch einen deutlichen Popularitätsverlust erlitten hat.

A) Sie denken eine Weile darüber nach, ob Sie ebenfalls eine andere Partei unterstützen sollten, A) ☐
da Ihr bisheriger Favorit offensichtlich nicht mehr im Trend liegt.

B) Sie nehmen aktiv am Wahlkampf teil, weil Sie Ihrer Partei aus der Krise helfen wollen. B) ☐

C) Sie wechseln ebenfalls die Fronten. C) ☐

21 Sie arbeiten in einem kleinen Restaurant, das für seine freundliche Atmosphäre und sein Buffet bekannt ist. Da viele der Kunden keine Rechnung verlangen, könnten Sie leicht einige Mark in die eigene Tasche wirtschaften. Einige Ihrer Kollegen scheinen davon bereits zu profitieren...

A) Sie gehen damit zum Chef und unterbreiten ihm einen Änderungsvorschlag. A) ☐

B) Sie nutzen die Gelegenheit und sind stolz auf Ihren Durchblick. B) ☐

C) Sie sehen tatenlos zu, wie die anderen sich bereichern, während Sie selbst ehrlich abrechnen. C) ☐

22 Sie arbeiten seit Jahren für eine kleine Firma. Eines Tages teilt Ihr Chef Ihnen mit, daß die Belegschaft für eine gewisse Zeit unbezahlte Überstunden machen muß, wenn alle Arbeitsplätze erhalten bleiben sollen.

A) Sie suchen sich schleunigst einen anderen Job. A) ☐

B) Sie leisten Ihre Überstunden ab, erklären Ihrem Chef jedoch, daß Sie sich nach einer neuen B) ☐
Anstellung umsehen.

C) Sie schuften mehr als alle anderen, um Ihrer Firma aus der Talsohle zu helfen. C) ☐

23 Sie entdecken, daß Ihr Bruder zwei Freundinnen hat, die voneinander nichts ahnen. Sie kennen die beiden nur flüchtig.

A) Sie sagen Ihrem Bruder, wie schäbig Sie sein Verhalten finden. A) ☐

B) Sie drohen Ihrem Bruder damit, den beiden die Wahrheit zu erzählen. B) ☐

C) Sie sorgen dafür, daß die beiden Frauen die Wahrheit erfahren. C) ☐

24 Sie haben einem arbeitslosen Freund versprochen, ihn bei der nächsten Gelegenheit in der Firma unterzubringen, in der Sie arbeiten. Doch nun haben Sie eine Romanze mit jemandem angefangen, der/die ebenfalls für diesen Job qualifiziert wäre.

A) Als sich die Gelegenheit ergibt, informieren Sie Ihren Freund, sehen aber davon ab, ein gutes Wort für ihn einzulegen. **A)** ☐

B) Sie erklären dem Personalchef, daß Ihr Freund die richtige Wahl sei. **B)** ☐

C) Sie teilen Ihrem Freund mit, daß der Personalchef gerade einen unbefristeten Einstellungsstopp verkündet hat. **C)** ☐

25 Eine Freundin möchte, daß Sie den Trauzeugen auf ihrer Hochzeit spielen. Doch der Termin fällt in eine zweiwöchige Dienstreise, von der Sie sich sehr viel versprechen und von der Sie finanziell auf jeden Fall profitieren werden.

A) Sie fragen Ihren Chef um Rat und machen die Entscheidung von ihm abhängig. **A)** ☐

B) Sie klären Ihre Freundin über das Problem auf, damit Sie es einsieht und sich einen anderen Trauzeugen sucht. **B)** ☐

C) Sie sagen die Dienstreise ab und erzählen Ihrer Freundin nichts davon. **C)** ☐

26 Sie finden heraus, daß Ihr Vater Ihre Mutter jahrelang betrogen hat. Er bittet Sie zu schweigen und verspricht, die Sache ins Reine zu bringen.

A) Sie klären Ihre Mutter auf. **A)** ☐

B) Sie akzeptieren den Vorschlag Ihres Vaters, da Sie ohnehin der Meinung sind, daß die Sache Sie eigentlich nichts angeht. **B)** ☐

C) Sie zwingen Ihren Vater dazu, Ihrer Mutter alles zu beichten. **C)** ☐

27 Sie fahren mit einem Freund/einer Freundin in den Urlaub. Dort angekommen, fangen Sie mit jemandem eine Romanze an, während Ihr Freund allein bleibt.

A) Sie haben kein schlechtes Gewissen, weil solche Dinge nun einmal passieren. **A)** ☐

B) Sie versuchen, eine Person zu finden, die zu Ihrem Freund/Ihrer Freundin passen würde, damit man die Abende zu viert verbringen kann. **B)** ☐

C) Sie gehen an einem Abend mit Ihrer Liebschaft aus, am nächsten mit Ihrem Freund/Ihrer Freundin, weil Sie sonst ein schlechtes Gewissen hätten. **C)** ☐

28 Ihr bester Freund/Ihre beste Freundin geht für sechs Monate weg. Als er/sie zurückkehrt, haben Sie einen komplett neuen Freundeskreis begründet.

A) Sie erklären Ihrem Freund/Ihrer Freundin, daß dies eben der Gang der Dinge sei. **A)** ☐

B) Sie stellen ihn/sie den anderen vor und hoffen, daß sie sich gut verstehen werden. **B)** ☐

C) Sie stellen ihn/sie den anderen vor, machen ihn/sie jedoch darauf aufmerksam, daß es nicht mehr so sein wird wie bisher. **C)** ☐

29 Ihr Partner wird im Betrieb der sexuellen Belästigung beschuldigt. Es spricht vieles dafür, manches auch dagegen – Sie wissen also nicht, ob er/sie zu Unrecht beschuldigt wird.

A) Sie unterstützen Ihren Partner, egal was ist. **A)** ☐

B) Sie glauben, daß die Beschuldigungen sicher nicht ganz aus der Luft gegriffen sind. Dadurch wird Ihre Partnerschaft stark belastet. **B)** ☐

C) Sie diskutieren die Angelegenheit mit Ihrem Partner und gelangen zu der Ansicht, daß er/sie wahrscheinlich zu Unrecht beschuldigt wurde. **C)** ☐

30 Sie erhalten Besuch von einem ehemals sehr wohlhabenden Freund – er hat durch Mißwirtschaft sein gesamtes Vermögen verloren und steht nun sprichwörtlich auf der Straße.

A) Sie geben ihm etwas zu Essen und leihen ihm ein bißchen Geld, damit er wenigstens für einige Tage ein Dach über dem Kopf hat. **A)** ☐

B) Sie bieten ihm Kost und Logis, bis er sich wieder berappelt hat. **B)** ☐

C) Sie weisen ihn mit der Bemerkung zurück, er sei selbst an seiner Misere schuld. **C)** ☐

WIE GEHEN SIE MIT IHREM GELD UM?

Manche Menschen verfügen über das Talent, mit wenig Geld gut über die Runden zu kommen, während andere trotz eines sehr guten Einkommens durchweg pleite sind. Zu welcher der beiden Gruppen gehören Sie? Bereitet Ihnen der Gedanke an Ihr Bankkonto Kopfschmerzen? Sind Sie ständig auf der Flucht vor Ihren Gläubigern?

1 **Wenn Sie abends aus dem Haus gehen ...**

A) lassen Sie alle Lampen an.   A) ☐
B) schalten Sie die meisten Lampen aus.   B) ☐
C) aktivieren Sie die Alarmanlage.   C) ☐

2 **Sie gehen mit Freunden aus.**

A) Die erste Runde geht grundsätzlich an Sie.   A) ☐
B) Wenn die Gläser fast leer sind, verschwinden Sie auf die Toilette, damit Sie die nächste Runde nicht bezahlen müssen.   B) ☐
C) Sie bezahlen Ihre Getränke grundsätzlich selbst.   C) ☐

3 **Beim Schlußverkauf ...**

A) nutzen Sie die Sonderangebote so richtig aus. Außerhalb des Schlußverkaufes kaufen Sie dagegen so gut wie nichts.   A) ☐
B) kaufen Sie dies oder jenes, auch wenn es nicht herabgesetzt ist.   B) ☐
C) bleiben Sie zu Hause, da Sie Ihre Sachen lieber sorgfältig auswählen, auch wenn Sie den vollen Preis dafür bezahlen müssen.   C) ☐

4 **In einem Restaurant bestellen Sie ein exotisches Gericht, das Ihnen absolut nicht schmeckt.**

A) Sie essen es trotzdem auf, weil Ihnen das Geld zu schade ist.   A) ☐
B) Sie bestellen etwas anders und schreiben das Ganze als Erfahrung ab.   B) ☐
C) Sie sättigen sich am Dessert.   C) ☐

5 **Sie haben eine große Geldsumme geerbt.**

A) Sie legen ein Drittel davon zinsgünstig an, bezahlen mit einem Drittel Ihre Schulden und verprassen den Rest.   A) ☐
B) Sie legen die gesamte Summe zu guten Zinskonditionen an.   B) ☐
C) Sie machen eine große Weltreise und bringen den Rest des Geldes unter das Volk.   C) ☐

6 **Sie haben neue Schuhe gekauft, die sich im Nachhinein als ziemlich unbequem erweisen.**

A) Sie beißen die Zähne zusammen und tragen sie trotzdem.   **A)** ☐
B) Sie geben die Schuhe bei der Heilsarmee ab.   **B)** ☐
C) Sie verkaufen sie an einen Bekannten/eine Bekannte.   **C)** ☐

7 **Wenn Sie Ihre Bankauszüge erhalten ...**

A) wissen Sie bereits vorher, wie der Kontostand aussieht.   **A)** ☐
B) interessiert Sie das nicht im Geringsten.   **B)** ☐
C) trifft Sie fast der Schlag.   **C)** ☐

8 **Ein Spendenaufruf im Fernsehen rührt Sie zutiefst.**

A) Sie spenden sofort einen großzügigen Betrag.   **A)** ☐
B) Sie sehen von einer Spende ab, weil Sie den Hilfsorganisationen nicht über den Weg trauen.   **B)** ☐
C) Nach reiflicher Überlegung spenden Sie einen ordentlichen Betrag.   **C)** ☐

9 **Die Ketchupflasche ist so gut wie leer.**

A) Sie kratzen den Rest mit einem Messer heraus, bevor Sie eine neue Flasche öffnen.   **A)** ☐
B) Sie werfen die Flasche weg, wenn es zu lange dauert, bis etwas herauskommt.   **B)** ☐
C) Sie stellen die Flasche über Nacht auf den Kopf.   **C)** ☐

10 **Ihr Konto ist bis an die Grenze überzogen, als Sie im Briefkasten eine erschreckend hohe Telefonrechnung finden.**

A) Sie warten auf Ihre nächste Gehaltszahlung, bevor Sie die Rechnung begleichen.   **A)** ☐
B) Sie haben sich bereits eine entsprechende Summe Geld zur Seite gelegt.   **B)** ☐
C) Sie zahlen erst bei der zweiten Mahnung.   **C)** ☐

11 **Sie hätten gerne eine neue Stereoanlage, aber im Moment sitzt das einfach nicht dran.**

A) Sie borgen sich Geld von einem Freund, der Ihnen eine Gefälligkeit schuldet.   **A)** ☐
B) Sie kaufen die Anlage und ernähren sich monatelang nur von Toast mit Marmelade.   **B)** ☐
C) Sie fragen sich, wie Sie an Geld für die neue Anlage herankommen sollen, obwohl die letzte noch nicht ganz abbezahlt ist.   **C)** ☐

12 **Gerade erst haben Sie einen neuen Rasenmäher gekauft, als Sie in einem Supermarkt ein besseres Modell zum stark reduziertem Preis entdecken.**

A) Sie schlagen direkt zu – so haben Sie einen Ersatzmäher, falls der erste den Geist aufgibt.   **A)** ☐
B) Sie entgehen der Versuchung – schließlich hält der andere Rasenmäher mindestens zehn Jahre.   **B)** ☐
C) Fragen einen Verkäufer, ob Teilzahlung möglich ist – obwohl Sie nicht wissen, wie Sie den gerade erst gekauften Mäher abstottern sollen.   **C)** ☐

13 **Im Winter ist es in Ihrer Wohnung kalt und zugig.**

A) Macht nichts, Sie ziehen einfach mehrere Pullover übereinander an.   A) ☐

B) Sie stellen zusätzliche Heizlüfter auf, auch wenn Sie mit einer irrsinnig hohen   B) ☐
Stromrechnung rechnen müssen.

C) Sie investieren in eine Doppelverglasung, um die Kosten auf Dauer zu senken.   C) ☐

14 **Eine Freundin verliert Ihren Job und steht praktisch vor dem Nichts.**

A) Sie bieten Ihr für einige Wochen Kost und Logis an, damit Sie sich in Ruhe eine neue   A) ☐
Anstellung suchen kann.

B) Sie leihen ihr eine größere Geldsumme, da Sie sicher sind, daß Sie dasselbe tun würde,   B) ☐
wenn es Ihnen einmal schlecht gehen sollte.

C) Sie sagen sich, daß Ihnen so etwas nie passieren könnte, da Sie vorgesorgt haben.   C) ☐

15 **Ihr Lieblingsmüsli wird heute für den halben Preis angeboten.**

A) Sie kaufen nur einige Packungen, da man nie weiß, ob man es nicht zu schnell leid wird.   A) ☐

B) Sie schieben zwei Einkaufswagen mit Müsli durch die Kasse – so ein Angebot muß man   B) ☐
einfach ausnutzen!

C) Sie kaufen eine andere Marke – Sie sind das Zeug einfach leid!   C) ☐

16 **Ihr Elektroherd gibt den Geist auf.**

A) Macht nichts, Sie haben sich für so einen Fall etwas Geld auf die Seite gelegt.   A) ☐

B) Für eine Anzahlung reicht Ihr Geld aus, den Rest stottern Sie ab.   B) ☐

C) Sie ernähren sich von Pommes Frites, bis Sie Ihre Bank dazu überredet haben,   C) ☐
Ihnen einen Kredit zu gewähren.

17 **Ihnen kommt zu Ohren, daß ein Kind aus der Nachbarschaft an einer seltenen Krankheit leidet,
die einen Aufenthalt in einer Spezialklinik in Südafrika erforderlich macht.**

A) Sie spenden Ihr Urlaubsgeld und nutzen den Überziehungskredit, um in den Urlaub   A) ☐
zu fahren.

B) Sie arrangieren eine Kollekte, bei der sicher mehr herumkommt, als Sie aus eigener Kraft   B) ☐
geben könnten.

C) Sie schreiben Leserbriefe an etliche Zeitungen, um auf den Mißstand in unserem inländischen   C) ☐
Gesundheitswesen aufmerksam zu machen.

18 **Beim Einkaufsbummel entdecken Sie etwas, das Sie unbedingt haben wollen.
Leider ist mal wieder Ebbe in der Kasse.**

A) Sie einigen sich auf Teilzahlung, obwohl die Zinsen unglaublich hoch sind.   A) ☐

B) Sie sehen sich nach einer billigeren Alternative um.   B) ☐

C) Sie entschließen sich, noch eine Weile darauf zu verzichten.   C) ☐

19   **An einem Sonntag sortieren Sie die noch nicht erledigten Rechnungen.**

A) Sie benötigen mehrere Stunden – es ist zum Verzweifeln!   A) ☐

B) Sie benötigen nur drei Minuten, um den Scheck für die Rechnung auszufüllen, die erst   B) ☐
gestern in Ihrem Briefkasten landete.   C) ☐

C) Sie erstellen einen sorgfältigen Finanzierungsplan, der es Ihnen ermöglicht, in einigen
Monaten aus dem Gröbsten heraus zu kommen.

20   **Sie unterhalten in Ihrer Freizeit einen kleinen Versandhandel. Nun hat sich der Steuerprüfer
angemeldet.**

A) Sie sind auf das Schlimmste vorbereitet, obwohl Sie davon ausgehen, daß Ihre Bücher   A) ☐
einigermaßen in Ordnung sind.

B) Sie flüchten unter falschem Namen nach Vietnam.   B) ☐

C) Sie legen dem Steuerprüfer stolz Ihre Bücher vor, da Sie nichts zu verbergen haben.   C) ☐

21   **Sie erhalten einen todsicheren Aktientip.**

A) Sie vergessen Ihre Finanznöte und kaufen für 10.000 Mark Aktien.   A) ☐

B) Sie informieren sich genau über die Aktien, bevor Sie eine bescheidene Summe investieren.   B) ☐

C) Sie legen Ihr Geld lieber in festverzinslichen Werten an, da das Risiko weitaus geringer ist.   C) ☐

22   **Eine Kollegin gesteht Ihnen, daß sie vollkommen pleite ist, weil sie vor einigen Jahren
eine unkluge Investition getätigt hat.**

A) Sie nicken, weil Sie erst im letzten Jahr eine ähnliche Erfahrung gemacht haben   A) ☐

B) Sie erteilen ihr Unterricht in finanziellen Dingen und erklären ihr, daß Ihnen so   B) ☐
etwas nie passieren könnte.

C) Sie trösten sie und hoffen insgeheim, daß Ihre eigenen Geschäfte besser laufen werden.   C) ☐

23   **Sie nehmen einen Teilzeitjob an, um etwas dazu zu verdienen.**

A) Sie wollen das Geld für den Urlaub aufheben, den Sie schon seit längerem planen.   A) ☐

B) Sie geben einen Teil des Geldes aus, sparen einen Teil und kündigen Ihren Hauptberuf,   B) ☐
weil Ihr Teilzeitjob Sie zu stark beansprucht.

C) Sie freuen sich darüber etwas extra Geld zu haben um es für etwas Modernes auszugeben   C) ☐
oder um damit auszugehen.

24   **Sie öffnen Ihr Portemonnaie, um etwas Kleingeld für eine Zeitung hervorzukramen.**

A) Sie wundern sich, wo das ganze Geld ist.   A) ☐

B) Sie zählen die Groschen und hoffen, daß Sie gestern abend in der Kneipe nicht zu   B) ☐
großzügig waren.

C) Ziehen einen Zehnmarkschein heraus, da Sie genau wissen, daß Sie nicht genug   C) ☐
Kleingeld bei sich haben.

25 Per Post erhalten Sie einen Katalog mit Artikeln, auf die man angeblich nicht verzichten kann.

A) Sie bestellen einige preisgünstige Dinge, von denen Sie sich viel versprechen.   A) ☐

B) Sie werfen den Katalog weg – so einen Kram brauchen Sie nicht.   B) ☐

C) Sie bestellen einige Artikel gleich mehrmals, da Sie sich irrsinnig freuen, daß es so etwas endlich auf dem freien Markt gibt.   C) ☐

26 Welche Behauptung trifft auf Sie zu:

A) Ich weiß nicht, warum ich ständig Geldsorgen habe.   A) ☐

B) Ich habe einiges gespart, weil ich auf alle Eventualitäten vorbereitet sein möchte.   B) ☐

C) Ohne Geld kann man nun einmal nicht leben, aber es gibt wichtigere Dinge im Leben.   C) ☐

27 Welche Rolle spielt Geld in Ihrem Leben?

A) Eine sehr wichtige – mein ganzes Leben orientiert sich daran.   A) ☐

B) Es gibt nun wirklich wichtigeres.   B) ☐

C) Es spielt sicher eine große Rolle, aber ich lasse mir nicht die Laune dadurch verderben.   C) ☐

28 Nach einem langen Arbeitstag fühlen Sie sich schmutzig und angespannt.

A) Sie gehen unter die Dusche, weil das billiger ist als ein Vollbad.   A) ☐

B) Sie gehen unter die Dusche, weil Sie Vollbäder langweilig und altmodisch finden.   B) ☐

C) Sie nehmen ein Vollbad, weil Sie nur so auf Touren kommen.   C) ☐

29 Sie wollen einen neuen Computer kaufen.

A) Sie wälzen einen ganzen Tag lang Zeitschriften, um nach dem günstigsten Versandangebot zu suchen.   A) ☐

B) Sie entscheiden sich für ein bestimmtes, aber ziemliches kostspieliges Modell, weil ein Freund meint, daß es eine tolle Maschine sei, die zudem mit einem großen Softwarepaket ausgeliefert wird.   B) ☐

C) Sie lassen sich im Fachhandel ausgiebig beraten, bis Sie wissen, worauf es ankommt und was es kosten darf.   C) ☐

30 Sie machen Urlaub und haben nur noch einen einzigen Travellerscheck.

A) Sie gehen damit ins Spielkasino – doppelt oder nichts!   A) ☐

B) Sie verhalten sich sparsam – schließlich müssen Sie auch die Heimreise davon bezahlen.   B) ☐

C) Kein Problem – damit kommen Sie bei Ihren Ansprüchen ganz gut zurecht.   C) ☐

KOMMENTARE

DURCHSETZUNGSVERMÖGEN

Wenn Sie mehr als 25 Punkte erzielen, dann gehören Sie zu den Menschen, mit denen man sich besser nicht anlegen sollte. Was Ihnen natürlich nicht unbedingt die Herzen anderer zufliegen läßt. Bei mehr als 20 Punkten verfügen Sie über ein gutes Durchsetzungsvermögen, zeichnen sich aber in Grenzfällen durch Taktgefühl aus. Bei 20 Punkten gehen Sie meist den Weg des geringsten Widerstandes, geraten aber in bestimmten Situationen so in Rage, daß Sie Ihre Interessen vehement durchsetzen. Bei einer negativen Punktzahl lassen Sie sich zu leicht unterbuttern.

WERTUNG

	A)	B)	C)		A)	B)	C)		A)	B)	C)
1.	-1	1	0	11.	0	1	-1	21.	-1	1	0
2.	1	0	-1	12.	-1	1	0	22.	1	0	-1
3.	0	1	-1	13.	0	-1	1	23.	-1	1	0
4.	-1	0	1	14.	0	1	-1	24.	-1	0	1
5.	0	1	-1	15.	-1	0	1	25.	0	-1	1
6.	0	-1	1	16.	0	1	-1	26.	1	-1	0
7.	-1	1	0	17.	1	0	-1	27.	1	0	-1
8.	-1	0	1	18.	0	-1	1	28.	0	-1	1
9.	0	-1	1	19.	-1	1	0	29.	1	-1	0
10.	1	0	-1	20.	1	0	-1	30.	0	-1	1

MUT UND TAPFERKEIT

Haben Sie die Maximalpunktzahl von 30 erreicht? Ab 25 Punkten aufwärts kämpfen Sie in derselben Liga wie Indiana Jones und führen sicher ein abwechslungsreiches Leben – Ihre Arztrechnungen möchte ich allerdings nicht übernehmen. In dieser Sektion ist es sicher vernünftiger, irgendwo in der Goldenen Mitte zu liegen. Bei 18 bis 23 Punkten gehen Sie mit stolz erhobenem Haupt durch's Leben, ohne allzu große Risiken einzugehen. Bei einer negativen Punktzahl gehören Sie dagegen zu den Menschen, die man besser nicht auf eine Expedition in den Dschungel mitnehmen sollte.

WERTUNG

	A)	B)	C)		A)	B)	C)		A)	B)	C)
1.	-1	1	0	11.	1	-1	0	21.	0	1	-1
2.	1	0	-1	12.	0	-1	1	22.	-1	1	0
3.	0	-1	1	13.	-1	1	0	23.	-1	1	0
4.	-1	1	0	14.	-1	1	0	24.	-1	1	1
5.	1	0	-1	15.	1	-1	0	25.	1	-1	0
6.	-1	1	0	16.	-1	1	0	26.	-1	0	1
7.	1	0	-1	17.	1	0·	-1	27.	1	0	-1
8.	1	0	-1	18.	0	1	-1	28.	-1	1	0
9.	0	1	-1	19.	1	0	-1	29.	1	0	-1
10.	1	0	-1	20.	0	1	-1	30.	1	0	-1

DENKEN UND HANDELN

Die Maximalpunktzahl beträgt 29. Je mehr Punkte Sie erzielen, desto eher neigen Sie dazu, ohne große Vorüberlegungen zu handeln. Wenn Sie mehr als 25 Punkte erzielen, sollten Sie vielleicht öfter darüber nachdenken, welche negativen Konsequenzen sich aus Ihrem Handeln ergeben könnten. Ideal ist eine Wertung im Bereich von 12 bis 23. Wenn Sie weniger als zehn Punkte erzielt haben, gehören Sie vermutlich zu jenen Menschen, die viele gute Ideen haben, diese aber so gut wie nie in die Tat umsetzen. Bei einer negativen Punktzahl könnte man Sie mit Fug und Recht als Träumer bezeichnen.

WERTUNG

	A)	B)	C)		A)	B)	C)		A)	B)	C)
1.	1	-1	0	11.	1	0	-1	21.	-1	1	0
2.	1	-1	0	12.	-1	1	0	22.	-1	0	1
3.	0	1	-1	13.	-1	1	0	23.	0	1	-1
4.	1	-1	0	14.	1	0	-1	24.	1	0	-1
5.	0	-1	1	15.	-1	1	0	25.	1	-1	0
6.	0	1	-1	16.	0	-1	1	26.	0	1	-1
7.	1	-1	0	17.	1	-1	0	27.	0	-1	1
8.	-1	0	1	18.	1	-1	0	28.	1	0	-1
9.	0	1	-1	19.	0	1	-1	29.	0	1	-1
10.	-1	1	0	20.	-1	0	1				

EFFEKTIVITÄT

Wenn Sie die Maximalpunktzahl von 29 erzielt haben, ist dies ein super Ergebnis. Sollte Ihre Punktzahl dagegen über 20 liegen, ist das immer noch sehr erfreulich, da Sie zu den Menschen gehören, die einen klaren Kopf bewahren, aber Ihre Menschlichkeit durch gelegentliches Versagen zum Ausdruck bringen. Wenn Sie weniger als fünf Punkte erzielt haben, verbringen Sie Ihre Tage vermutlich im Bett – falls Sie überhaupt dazu in der Lage sind, es zu finden …

WERTUNG

	A)	B)	C)		A)	B)	C)		A)	B)	C)
1.	0	1	-1	11.	1	0	-1	21.	0	-1	1
2.	1	0	-1	12.	0	-1	1	22.	1	0	-1
3.	1	-1	0	13.	-1	1	0	23.	-1	0	1
4.	-1	1	0	14.	1	-1	0	24.	1	-1	0
5.	0	-1	1	15.	-1	0	1	25.	-1	1	0
6.	-1	1	0	16.	0	-1	1	26.	0	-1	1
7.	1	-1	0	17.	1	0	-1	27.	1	-1	0
8.	0	1	-1	18.	-1	0	1	28.	0	1	-1
9.	0	-1	1	19.	1	-1	0	29.	1	-1	0
10.	0	-1	1	20.	0	1	-1				

WIE EMOTIONAL SIND SIE?

Wenn Sie mehr als 25 Punkte erzielt haben, gleicht Ihr Gefühlsleben vermutlich dem eines Goldfischs. Bei weniger als 10 Punkten gehören Sie dagegen wohl zu den Menschen, die bei der TV-Serie *Lassie* kartonweise Papiertaschentücher verbrauchen.

WERTUNG

	A)	B)	C)		A)	B)	C)		A)	B)	C)
1.	0	1	-1	11.	0	1	-1	21.	-1	0	1
2.	1	0	-1	12.	1	-1	0	22.	0	1	0
3.	0	-1	1	13.	0	1	-1	23.	-1	1	0
4.	-1	0	1	14.	1	0	-1	24.	1	0	-1
5.	-1	1	0	15.	1	-1	0	25.	0	-1	1
6.	1	0	-1	16.	1	0	-1	26.	-1	1	0
7.	-1	1	0	17.	-1	0	1	27.	1	-1	0
8.	0	-1	1	18.	1	-1	0	28.	-1	1	0
9.	-1	1	0	19.	0	1	-1	29.	1	-1	0
10.	-1	0	1	20.	1	-1	0	30.	-1	0	1

INTUITION

Wenn Sie zwischen 25 und 30 Punkten erzielt haben, können Sie sich auf Ihre Intuition absolut verlassen und sollten nur im Ausnahmefall rationelle Entscheidungskriterien zugrunde legen. Bei 20 bis 25 Punkten ist auf Ihre Intuition nur bisweilen Verlaß. Haben Sie dagegen zwischen 0 und 10 Punkten erzielt, dann können Sie mit Ihrer „inneren Stimme" nur wenig anfangen. Bei weniger als 0 Punkten sollten Sie besser darauf verzichten, aus dem Bauch heraus Entscheidungen zu treffen.

WERTUNG

	A)	B)	C)		A)	B)	C)		A)	B)	C)
1.	1	0	-1	11.	1	-1	0	21.	-1	0	1
2.	-1	0	1	12.	0	1	-1	22.	0	1	-1
3.	0	-1	1	13.	1	0	-1	23.	-1	0	1
4.	-1	1	0	14.	0	-1	1	24.	1	-1	0
5.	0	1	-1	15.	-1	1	0	25.	-1	1	0
6.	1	0	-1	16.	-1	1	0	26.	0	1	-1
7.	-1	0	1	17.	0	-1	1	27.	1	0	-1
8.	1	-1	0	18.	0	1	-1	28.	0	1	-1
9.	0	-1	1	19.	0	-1	1	29.	-1	1	0
10.	-1	1	0	20.	1	-1	0	30.	-1	1	0

WER BESTIMMT IHR LEBEN?

Wenn Sie eine positive Wertung erzielt haben, dann wird Ihr Leben von äußeren Faktoren bestimmt – der Regierung, Gott, anderen Menschen. Bei einem negativen Ergebnis liegt Ihr Schicksal dagegen in Ihrer Hand – zumindest sind Sie davon überzeugt. Typischerweise neigen Menschen mit positiver Punktzahl zum Pessimismus, während solche mit negativer Punktzahl eher optimistisch veranlagt sind.

WERTUNG:

Bei den Fragen 1, 3, 4, 6, 7, 10, 12, 13, 15, 17, 22, 24 erhalten Sie für jedes „Ja" einen Pluspunkt und für jedes „Nein" einen Minuspunkt. Bei den verbleibenden Fragen kehrt sich die Wertung um. Die maximale Punktzahl beträgt 24.

WIE LOYAL SIND SIE?

Wenn Ihre Wertung im Bereich der Maximalpunktzahl von 30 liegt, sind Sie ein wirklich loyaler Mensch. Aber selbst im Bereich um 25 Punkte verhalten Sie sich in dieser Hinsicht noch sehr vernünftig. Bei weniger als 10 Punkten gehören Sie vermutlich zu den „Schönwetterfreunden" und bei weniger als 0 kann man sich auf Sie wirklich nicht verlassen.

WERTUNG

	A)	B)	C)		A)	B)	C)		A)	B)	C)
1.	0	-1	1	11.	-1	1	0	21.	1	-1	0
2.	1	0	-1	12.	1	-1	0	22.	-1	0	1
3.	0	-1	1	13.	-1	0	1	23.	1	0	-1
4.	1	-1	0	14.	0	1	1	24.	0	1	-1
5.	-1	1	0	15.	0	-1	1	25.	0	-1	1
6.	0	-1	1	16.	-1	0	1	26.	-1	0	1
7.	-1	1	0	17.	-1	1	0	27.	-1	1	0
8.	1	0	-1	18.	1	0	-1	28.	-1	1	0
9.	-1	0	1	19.	-1	0	1	29.	1	-1	0
10.	0	1	1	20.	0	1	-1	30.	0	1	-1

WIE GEHEN SIE MIT IHREM GELD UM?

Wenn Sie mehr als 25 Punkte erzielt haben, sollten Sie sich direkt in Ihren Geldspeicher begeben, um ein erfrischendes Goldbad zu nehmen. Selbst bei mehr als 20 Punkten werden manche Bekannte Sie nicht ganz zu Unrecht als Geizhals bezeichnen. Darunter liegt wieder einmal die Goldene Mitte, in der man jene Menschen findet, die sich durch eine knappe Kasse nicht den Spaß am Leben verderben lassen. Wenn Sie jedoch weniger als 0 Punkte erzielen, haben Sie absolut keinen Bezug zum Geld – es rinnt Ihnen sprichwörtlich durch die Finger.

WERTUNG

	A)	B)	C)		A)	B)	C)		A)	B)	C)
1.	-1	0	1	11.	0	-1	1	21.	-1	0	1
2.	-1	1	0	12.	0	1	-1	22.	-1	1	0
3.	1	0	-1	13.	1	-1	0	23.	1	0	-1
4.	1	-1	0	14.	0	-1	1	24.	0	-1	1
5.	0	1	-1	15.	0	1	-1	25.	0	1	-1
6.	1	-1	0	16.	1	0	-1	26.	-1	1	0
7.	1	-1	0	17.	-1	0	1	27.	1	-1	0
8.	-1	1	0	18.	-1	0	1	28.	1	0	-1
9.	0	-1	1	19.	-1	1	0	29.	1	-1	0
10.	0	1	-1	20.	0	-1	1	30.	-1	0	1